中国职业技术教育学会
智慧文旅职业教育专业委员会推荐用书

专家指导委员会主任 / 韩玉灵
总主编 / 闫向军　魏　凯
顾问 / 朱承强

酒店管理与数字化运营系列教材

JIUDIAN FUWU LIYI YU SHIXUN JIAOCHENG

酒店服务礼仪与实训教程

主　编　魏　凯　李爱军　王　静
副主编　左　蕾　辛　冰　柴　佳

北京·旅游教育出版社

立体化教学资源

图书在版编目（CIP）数据

酒店服务礼仪与实训教程 / 魏凯，李爱军，王静主编. -- 北京：旅游教育出版社，2025.3

酒店管理与数字化运营系列教材

ISBN 978-7-5637-4451-0

Ⅰ. ①酒… Ⅱ. ①魏… ②李… ③王… Ⅲ. ①饭店－商业服务－礼仪－教材 Ⅳ. ①F719.2

中国版本图书馆CIP数据核字(2022)第126783号

酒店管理与数字化运营系列教材

酒店服务礼仪与实训教程

主　编　魏　凯　李爱军　王　静
副主编　左　蕾　辛　冰　柴　佳

总 策 划	丁海秀
执行策划	黄明秋
责任编辑	施云峰
出版单位	旅游教育出版社
地　　址	北京市朝阳区定福庄南里1号
邮　　编	100024
发行电话	（010）65778403　65728372　65767462（传真）
本社网址	www.tepcb.com
E - mail	tepfx@163.com
排版单位	北京旅教文化传播有限公司
印刷单位	天津雅泽印刷有限公司
经销单位	新华书店
开　　本	710毫米×1000毫米　1/16
印　　张	12
字　　数	178千字
版　　次	2025年3月第1版
印　　次	2025年3月第1次印刷
定　　价	49.80元

（图书如有装订差错请与发行部联系）

酒店管理与数字化运营系列教材
专家指导委员会、顾问、编委会

专家指导委员会

主　任：韩玉灵

委　员：杜兰晓　康　年　卓德保　丁海秀

顾　问

顾　问：朱承强

编委会

总主编：闫向军　魏　凯

委　员（按姓氏笔画顺序排列）：

于小桐	马婷婷	王　方	王　琪	王　静	王玉娟	王海燕	王瀚君
尹　萍	孔亚楠	左　蕾	石　磊	叶耀玲	田万顷	冯召伟	冯英梅
邢琦娜	朱培锋	刘　伟	刘　岳	刘　峰	刘　萍	刘　鎏	刘兵燕
刘居超	刘晓杰	闫雪梅	孙　健	孙　鹏	孙　赫	孙立新	牟　青
纪　亮	杜奇明	李　伟	李　真	李文英	李岑虎	李雨琪	李佳龙
李素馨	李爱军	李海英	李姬贤	杨杏园	吴晓睿	邱　天	何梦华
辛　冰	汪　婷	汪惠萍	沙绍举	宋晓燕	张　文	张　琳	张　越
张　晶	张　强	张　媛	张立俭	张伟玉	张敏敏	张斐斐	张皓闵
张婷婷	张懿卓	陈　颖	陈永燕	陈增红	邵　雯	武真奕	尚晓攀
金　玉	周　彦	周高华	郑月月	柳花鹏	侯兴起	姜录录	秦　娜
袁　博	柴　佳	倪欣欣	徐　倩	栾鹤龙	高　宁	唐志国	鹿　敏
章勇刚	蒋术良	韩　静	韩爱霞	路　飞	路　伟	鲍　喆	解姣姣
綦恩周	蔡丽伟	潘晓黎					

《酒店服务礼仪与实训教程》
编委会

主　编：魏　凯　李爱军　王　静

副主编：左　蕾　辛　冰　柴　佳

编　委：宋晓燕　张婷婷　张　文　尚晓攀

总序 PREFACE

  2021年3月,教育部印发了《职业教育专业目录(2021年)》,将高职"酒店管理专业"更名为"酒店管理与数字化运营专业",这是旅游职业教育呼应旅游业特别是酒店业数字化时代的标志。酒店业与信息化、数字化、智能化融合已是大势所趋,网络预订、短视频营销、直播带货、网络点评、会员系统、云PMS、移动支付、人脸识别、餐饮POS收银、网络团购、成本控制、在线点单等基本普及,信息技术和信息系统成为酒店企业日常经营的基础工具与竞争利器。中国酒店业已经从以产品和服务为中心进入了以客户为中心的时代,数字化成为酒店业发展命脉所在,同样成为酒店管理与数字化运营专业的必修内容。

  在这样的形势下,原有的高职酒店管理专业课程和教学内容留什么、改什么,数字化运营是什么、做什么,酒店管理与数字化运营专业如何建设、如何发展、如何培养人才,成为高度聚焦、深度研究的课题。在专业建设的众多课题中,我们以教材建设作为适应专业变革的突破口,有组织、有计划地进行"酒店管理与数字化运营专业"的教材建设。根据前期积累的教育教学与专业建设经验,在旅游教育出版社的大力支持下,我们组织专家团队开展"酒店管理与数字化运营系列教材"的编写与出版工作。

  2020年初,也是在"酒店管理专业"正式更名之前,作为有着30多年酒店管理专业办学经验的老牌旅游院校,山东旅游职业学院已深切感到酒店管理专业应该加强形势研判、抓住机遇、赢得主动，从与专业建设密切相关的教材和课程建设入手，积极开展相关工作。学院组织包括星级酒店、连锁酒店、连锁餐饮公司、物业公司在内的 22 位企业总监级别以上的管理人员、酒店管理专业教学专家与学院酒店管理专业的教师共同召开专业建设研讨会，形成了全国首套酒店管理与数字化运营专业的人才培养方案、课程建设方案、教材建设方案。这套方案的课程设置与当前教育部主导的高等职业学校酒店管理与数字化运营专业教学标准的课程设置是高度吻合的，为我们牵头组织"酒店管理与数字化运营系列教材"的编写奠定了良好的基础。

2021 年 7 月，山东旅游职业学院与旅游教育出版社共同邀请覆盖全国院校和酒店行业企业的专家团队召开研讨会，启动教材编写工作。编写专家团队分别来自济南大学、山东青年政治学院、浙江旅游职业学院、青岛酒店管理职业技术学院、郑州旅游职业学院、黑龙江旅游职业技术学院、广州番禺职业技术学院、济南职业学院、青岛职业技术学院、北京财贸职业学院、黑龙江工程学院、平顶山职业技术学院、安徽职业技术学院、烟台工贸学校、顺德职业技术学院、洛阳科技职业学院、湖南商务职业技术学院、安徽广播影视职业技术学院、贵州职业技术学院等 20 多所院校。全套教材的编写注重校企合作与数字化升级。我们还邀请北京歌华开元大酒店、山东舜和酒店集团、山东南郊集团、山东大厦、济南鲁能贵和洲际酒店、青岛香格里拉、广州香格里拉、杭州柏悦酒店、杭州绿云软件股份有限公司、北京云迹科技股份有限公司、广州蓝豆软件科技有限公司 10 余家行业企业的专家参与此项工作。在多方共同努力下，首批 8 种教材已于 2022 年面市，同系列更多新品种陆续出版，部分品种的改版修订工作也在进行中，敬请期待。

本套教材既可作为中高职旅游类专业教学用书，也可作为职业本科旅游类专业教学参考用书，同时可作为工具书供从事旅游服务与管理的企事业单位专业人员借鉴与参考。

由于本教材是酒店管理与数字化运营专业更名后的新教材，加之酒店行业数字化转型日新月异，教材编写中难免还存在缺陷与不足，恳请读者指正，我们将在再版过程中予以完善与修正。

总主编：

2025 年 2 月

前言 FOREWORD

  礼仪是一种文化现象，更是一个国家或民族文明程度和社会进步的重要标志。礼仪对于我们每个人而言，不仅能体现一个人的文化修养，还是应遵循的行为规范和道德准则；对于酒店行业而言，周到的服务礼仪能体现一家酒店的服务水平和管理水平。因此，礼仪知识是酒店服务人员是在为宾客提供服务中不可缺少的，也是酒店服务中衡量接待标准和人性化服务的体现形式。正确规范地运用礼仪更是提升酒店服务质量的基石，是树立酒店良好形象的有力保障。

  《酒店服务礼仪与实训教程》立足新时代背景，旨在促进旅游酒店业的发展，培养具有良好的政治思想和专业技能过硬的旅游酒店服务人员。编者一直致力于酒店管理与数字化运营专业礼仪教学，结合"三教改革"研究酒店服务礼仪教学新方向，以适应专业新发展。本教材的特色是既有礼仪规范讲解部分，又有礼仪实操训练部分，这也是与其他礼仪教材最大的不同之处。因此，我们希望通过本编写教材，更有针对性地提升酒店管理与数字化运营专业礼仪教学水平，提高学生对酒店服务礼仪学习的认识，以更好地适应新形势下酒店服务新标准。

  本教材共分为五个项目。项目一"中华礼仪与新时代酒店服务礼仪"主要是对礼仪的全方位展示，讲述礼仪的内涵、演变和发展，传达礼仪是一种文化、一种自信、一种中国精神的理念，分析礼仪的原则、特点和功能。从课程思政的角度说明礼仪与政治思想品德、职业道德的关系。项目二"酒店服务人员形象礼仪"主要讲述酒店服务人员的仪容、仪表、仪态礼仪，以及酒店服务人员的规范发型、妆容、着装、微笑、站姿、坐姿、走姿、蹲姿、手势等规范礼仪与实操训练标准。项目三"酒店服务人员服务与交往礼仪"主要讲述酒店服务人员在服务和交往中的常用礼仪规范，包括称谓礼仪、问候礼仪、介绍礼仪、语言交谈技巧、握手礼仪、鞠躬礼仪、拱手礼仪、叩指礼仪、致意礼仪、电梯礼仪、电话礼仪、手机礼仪、微信礼仪。项目四"酒店各岗位服务礼仪"主要讲述酒店各岗位服务礼仪的规范运用，包括酒店服务人员应具备的政治素养，以及前厅、客房、餐厅、康乐等岗位的服务礼仪。项目五"国际接待与服务礼仪"主要讲述外交迎送礼仪、外交活动礼仪、会议服务礼仪和国际礼仪。

本教材由魏凯担任第一主编，负责教材的整体统筹和审核，李爱军主编负责整体内容设计和统稿，王静主编作为企业高层管理人员，从企业实际服务和管理的角度对教材内容进行审定。项目一由柴佳老师编写，项目二由李爱军、张文、尚晓攀老师编写，项目三由左蕾、辛冰、宋晓燕老师编写，项目四由王静老师编写，项目五由张婷婷老师编写，这支教材编写团队具有多年理论与实践教学经验。山东旅游职业学院礼仪教学团队由两名院级金牌礼仪培训师、三名院级银牌礼仪培训师、三名院级教学名师组成，曾承担中华人民共和国第十一届全国运动会开闭幕式礼仪引导员培训和现场指导工作，以及颁奖礼仪志愿者的礼仪培训工作，有着丰富的礼仪教学和社会实践经验。

本教材在编写过程中得到旅游教育出版社的大力支持与帮助，在此表示衷心感谢！为给读者奉献充满新意的特色教材，纰缪之处恐在所难免，恳请各位专家、广大师生和读者批评赐教，致谢！

编者

2025 年 2 月

项目一　中华礼仪与新时代酒店服务礼仪 ·· 1
　　任务一　中华礼仪的内涵 ·· 3
　　任务二　新时代酒店服务礼仪 ·· 9

项目二　酒店服务人员形象礼仪 ··· 21
　　任务一　酒店服务人员仪容礼仪 ·· 23
　　任务二　酒店服务人员仪表礼仪 ·· 35
　　任务三　酒店服务人员仪态礼仪 ·· 49

项目三　酒店服务人员服务与交往礼仪 ··· 79
　　任务一　服务语言表达礼仪 ·· 81
　　任务二　服务与交往礼仪 ·· 101

项目四　酒店各岗位服务礼仪 ··· 127
　　任务一　酒店服务人员政治素养 ·· 129
　　任务二　前厅服务礼仪 ·· 132
　　任务三　客房服务礼仪 ·· 136
　　任务四　餐厅服务礼仪 ·· 140

　　任务五　康乐服务礼仪 ………………………………………… 148
　　任务六　酒店其他岗位服务礼仪 ………………………………… 149

项目五　国际接待与服务礼仪 …………………………………………… 155
　　任务一　外交迎送礼仪 …………………………………………… 157
　　任务二　外交活动礼仪 …………………………………………… 162
　　任务三　会议服务礼仪 …………………………………………… 172
　　任务四　国际礼仪 ………………………………………………… 176

参考文献 …………………………………………………………………… 182

项目一
中华礼仪与新时代酒店服务礼仪

 项目导读

礼仪是一个人内在修养和素质的外在表现，也是一个国家、一个民族文明程度的标志。礼仪作为人类交际的表现形式之一，现已渗透到社会生活的各个领域。作为现代礼仪的重要组成部分，新时代下的酒店服务礼仪体现在酒店服务人员向宾客提供的细致、规范的服务中。礼仪是社会和谐的校正器，也是服务行业塑造口碑的重要衡量指标。

本项目重点介绍了礼、礼节、礼貌、礼仪的基本概念，探究了礼仪的历史渊源，解释了中华传统礼仪的内涵，剖析了新时代酒店服务礼仪的原则、特点、功能。要求学生在增强文明礼貌意识的前提下，不断提高自身素质。

学习目标

1. 了解礼仪的概念、礼仪的起源与发展,以及中华传统礼仪的内涵。
2. 熟悉新时代酒店服务礼仪的原则、特点及功能。
3. 掌握新时代酒店服务礼仪的内涵和要求。

思维导图

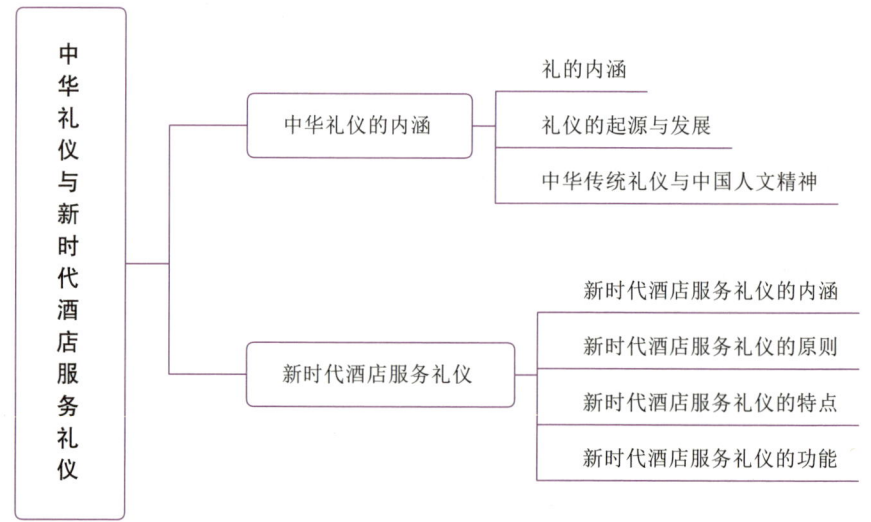

项目一　中华礼仪与新时代酒店服务礼仪

礼仪是人类精神文明的产物。人类的发展，就是不断追求文明与智慧的过程。当今社会，在任何一个国家和地区，礼仪都是做人的原则、做事的规矩，也是服务行业工作的规范和标准。我国是四大文明古国之一，也是东方文化的发源地，中国素有"礼仪之邦"的美誉，中华礼仪屹立于世界民族之林，吸引各国人民前来探索与学习。随着时代的进步，人与人之间、社会间及国家之间的交往增加，一些新的更为合理、更为完善、更加便捷通用的礼仪不断产生，并形成日臻完善的统一体系。

任务一　中华礼仪的内涵

一、礼的内涵

（一）礼的概念

礼在中国古代是社会的典章制度和道德规范。如今，礼的含义比较广泛，它既可指为表示敬意而隆重举行的仪式，也可泛指社会交往中的礼貌和礼节，是人们在长期的生活实践与交往中约定俗成的行为规范。现今引申为表示敬意的通称，是表示尊敬的言语或动作。礼的本质是"诚"，有敬重、友好、谦恭、关心、体贴之意。

微课1-1：中华礼仪的内涵

礼是人类文明的重要标志，孟子曰："恭敬之心，礼也。"礼派生出了礼节、礼貌、礼仪，它们相辅相成，密不可分。但从内涵上看，三者又不可简单地混为一谈。它们之间，既有区别，又有联系。

（二）什么是礼节

礼节是人们在交际过程中逐渐形成的惯用的各种行为规范的总和。礼节是外在文明的组成部分，具有严格的礼仪性质。它反映着一定的社会道德原则，以及人们对人对己的尊重，是人们品格修养的外在表现形式。在现代社会中，由于人与人之间地位平等，故礼节从形式到内容都体现出人与人之间相互平等、相互尊重和相互关心的和谐关系。礼节包括介绍的礼节、握手的礼节、打招呼的礼节、使用电话的礼节、聚会的礼节、宴会的礼节等。

（三）什么是礼貌

礼貌是指人们在社会交往过程中良好的言谈和行为。它主要包括口头语言的礼貌、书面语言的礼貌、态度和行为举止的礼貌。礼貌是人类文明行为最基本的要求,在现代社会,使用礼貌用语,对他人态度和蔼,举止适度,彬彬有礼,尊重他人,已成为人们日常的行为规范。

对于酒店服务人员而言,礼貌也是一个人品质素养最简单、最直接的体现。酒店的每一项服务都离不开服务礼仪,良好的服务礼仪和完备的设施同等重要,都能够为酒店创造利润,礼貌服务越好,标志着酒店越成功。

（四）什么是礼仪

礼仪是对礼节、仪式的统称。礼节是人和人交往的礼仪规矩;而仪者,乃仪式,是人们对各种场合进退程序的规定。

礼仪是当代文明国家为规范人与人之间的社会关系、维持社会秩序而必须普遍遵守的守则和习惯。国际社会中,国家与国家、政府与政府、人民与人民交往过程中都要遵循交往的规范和礼节。任何一个崇尚文明的国家和民族,无不注重礼仪教育,把遵守礼仪规范作为国民必须具备的素质。

站在不同的角度,我们可以对礼仪作不同的表述。

从个人修养的角度来看,礼仪可以说是一个人的内在修养和素质的外在表现,也就是说,素质体现于礼仪的认知和应用。

从道德的角度来看,礼仪可以被界定为为人处世的行为规范或标准做法、行为准则。

从交际的角度来看,礼仪可以说是人际交往中适用的一种交际方式或交际方法,也可以说是一门艺术。

从民俗的角度来看,礼仪既可以说是人际交往中必须遵守的律己敬人的习惯形式,也可以说是人际交往中约定俗成的,对人以尊重、友好的习惯做法。

从传播的角度来看,礼仪可以说是一种人际交往中相互沟通的技巧。

从审美的角度来看,礼仪可以说是一种形式美,它是人心灵美的自然外化。

概括起来说,礼仪就是指人们在社会交往中为了互相尊重而约定俗成、共同认可的行为规范、准则和程序,也就是把人内心待人接物的尊重之情通过美好的形式表达出来。

案例1-1

路遇熟人须正确打招呼

小王在去吃饭的路上看到了好久不见的大学同学,心中十分兴奋,他隔着马路和人群就开始大声呼唤,边喊边穿越马路,随后站在并不靠路边的地方与其同学攀谈了十分钟有余,此时正是下班高峰期,人流量较大。

小王并没有留意周围的交通环境,仍然高声畅聊,经过其身边的路人均需绕道前行。

(资料来源:作者搜集整理)

点评:路遇熟人,主动打招呼是基本的礼貌行为,但不宜在马路上聊个不停影响他人通行。如果有很多话要说,可以换一个交谈场所,或另约时间地点继续交谈。

在生活中,大部分人懂得尊重别人就是尊重自己。尊重别人在这个社会当中已成为一种社会共识。如何做才能尊重别人一直是值得我们探讨的问题。很多人不得法,因此经常好心办坏事。问题不是出在不尊重,而是出在不懂如何去做。所以礼仪二字,礼自不必强调,但是仪却需要不断学习。

二、礼仪的起源与发展

(一)礼仪的起源

礼仪作为人际交往过程中重要的行为规范,不是凭空臆造的,也不是可有可无的。了解礼仪的起源,有利于认识礼仪的本质,自觉地按照礼仪规范的要求开展社交活动。对于礼仪的起源,研究者们有各种不同观点,这些观点可大致归纳为以下几种。

一种观点认为,礼仪起源于祭祀。东汉许慎的《说文解字》对"礼"字的解释是这样的:"履也,所以事神致福也从示从豊,豊亦声。"意思是实践约定的事情,用来给神灵看,以求得赐福。"礼"字是会意字,"示"指神,从中可以分析出,"礼"字与古代祭祀神灵的仪式有关。古时祭祀活动不是随意进行的,它必须严格地按照一定的程序、一定的方式进行。郭沫若在《十批判书》中指出:"礼之起,起于祀神,其后扩展而为人,更其后而为吉、凶、军、宾、嘉等多种仪制。"这里讲到了礼仪的起源,以及礼仪的发展过程。

还有的观点认为,礼仪起源于风俗习惯。人是不能离开社会和群体的,人与人在长期的交往活动中渐渐地产生了一些约定俗成的习惯,久而久之这些习惯就成了人与人交际的规范,当这些交往习惯以文字的形式被记录并同时被人们自觉地遵守后,遂逐渐成为人们交际交往固定的礼仪。遵守礼仪,不仅能使人们的社会交往活动变得有序、有章可循,同时也能使人与人在交往中更具亲和力。

另外有一种观点认为,礼仪是为表达自身感情而存在的。在没有礼仪的时候，人们祭祀天地根本无法表达心中的敬畏，后来才出现了礼仪，如同语言一般，因为需要而产生。此后，礼仪的作用拓展，人们开始向长辈行礼来表达自身的敬意。贵族阶层的出现扭曲了礼的意义，使之用于突出贵族地位，因此礼丢失了本质而变成了礼节。存有敬意施礼才是真正的礼。

从礼仪的起源可以看出，礼仪是在人们的社会活动中，为了维护一种稳定的秩序，为了保持一种交际的和谐应运而生的。直到今天，礼仪依然体现着这种本质特点与独特的功能。

（二）礼仪的发展

中国是个历史悠久的文明古国，几千年来创造了灿烂的文化，形成了高尚的道德准则、完整的礼仪规范，对周边国家和地区也产生了巨大的影响。礼仪在其传承沿袭的过程中不断发生着变革。从我国历史发展的角度来看，其演变过程可以分为以下几个时期。

1. 礼仪的起源时期：夏朝以前（约公元前 2070 年以前）

礼仪起源于原始社会。原始社会中、晚期（约旧石器时代）出现了礼仪的雏形。这个阶段是礼仪的萌芽时期，此时的礼仪较为简单和虔诚，还不具有阶级性。内容包括制定了明确血缘关系的婚嫁礼仪，区别部族内部尊卑等级的礼制，为祭天敬神而确定的一些祭典仪式，并制定了一些在人们的相互交往中表示礼节和表示恭敬的动作。例如，在旧石器时代，人们尊崇男女有别的思想；在炎黄、尧舜禹时代，人们逐渐提出"三纲五常"的理论。

2. 礼仪的形成时期：夏、商、西周三代（公元前 2070 年—公元前 771 年）

我国进入奴隶社会后，统治阶级为了巩固自己的统治地位，把原始的宗教礼仪发展成符合奴隶社会政治需要的礼制，礼被打上了阶级的烙印。在这个阶段，中国第一次形成了比较完整的国家礼仪与制度。古代的礼制典籍也多撰修于这一时期，如周代的《周礼》《仪礼》《礼记》就是我国最早的礼仪学专著。在汉以后 2000 多年的历史中，它们一直是国家制定礼仪制度的经典著作，被称为"礼经"。

3. 礼仪的变革时期：春秋战国时期（公元前 770 年—公元前 221 年）

这一时期，学术界形成了百家争鸣的局面，例如，以孔子、孟子、荀子为代表的儒家学派，对礼进行了深入研究并推动了其发展，对礼仪的起源、本质和功能进行了系统阐述，第一次在理论上全面而深刻地论述了社会等级秩序划分及其意义。孔子非常重视礼仪，把"礼"看成治国、安邦、平定天下的基础。也是在春秋战国时期，儒家学派的代表人物孔子提出了"仁"的概念。他认为"不学礼，无以立""质胜文则野，文胜质则史。文质彬彬，然后君子"。他要求人们用礼的规范来约束自己的行为，要做到"非礼勿视，非礼勿听，非礼勿言，非礼勿动"，倡导"仁者爱人"，强调人与人之间要有同情心，要相互关心，彼此尊重。孟子把礼解释为对尊长和宾客严肃而有礼貌，即"恭敬之心，礼也"，并把"礼"视作人的善性的发端之一。荀子把"礼"作为人生哲学思想的核心，把"礼"视作做人的根本目的和最高理想，即"礼者，人道之极也"。他认为"礼"既是目标、理想，又是行为过程，"人无礼则不生，事无礼则不成，国无礼则不宁"。管仲认为"礼"关系国家的生死存亡，应把"礼"视作人生的指导思想和维持国家的第一支柱。

4. 强化时期：秦汉到清末（公元前221年—1911年）

在我国长达2000多年的封建社会里，尽管在不同的朝代礼仪文化具有不同的社会政治、经济、文化特征，却都有一个共同点，就是一直为统治阶级所利用，礼仪是维护封建社会等级秩序的工具。这一时期礼仪的重要特点是尊君抑臣、尊夫抑妇、尊父抑子、尊神抑人。在漫长的历史演变过程中，它逐渐变成妨碍人类个性自由发展，阻挠人类平等交往，窒息思想自由的精神枷锁。纵观封建社会的礼仪，内容大致有涉及国家政治礼制和家庭伦理两类。这一时期的礼仪构成中华传统礼仪的主体。

5. 现代礼仪的发展

辛亥革命以后，受西方资产阶级"自由、平等、民主、博爱"等思想的影响，中国的传统礼仪规范、制度受到强烈冲击。"五四"新文化运动对腐朽、落后的礼教进行了清算，符合时代要求的礼仪被继承、完善和发扬光大，那些繁文缛节逐渐被抛弃，同时一些国际上通用的礼仪形式为人们所接受。中华人民共和国成立后，逐渐确立以平等相处、友好往来、相互帮助、团结友爱为主的具有中国特色的新型社会关系和人际关系。改革开放以来，随着中国与世界的交往日趋频繁，西方一些礼仪陆续传入我国，同我国的传统礼仪一道融入社会生活的各个方面，构成了现代礼仪的基本框架。许多礼仪从内容到形式都在不断变革，现代礼仪进入了全新的发展时期。各行各业的礼仪规范纷纷出台，人们以讲究礼仪为荣、违反礼仪为耻，学习礼仪知识的热情空前高涨。现代礼仪受环境的制约，根据适用范围分为政务礼仪、商务礼仪、服务礼仪、社交礼仪、国际礼仪等几大分支。

今后，随着社会的进步、科技的发展和国际交往的增多，礼仪必将得到进一步完善和发展。

拓展阅读 1-1

孔子（图1-1），中国古代伟大的思想家、政治家、教育家，儒家学派创始人。春秋时期，继承和发展周公"礼乐"治国的思想，主张推行礼仪文化治国，改变社会风气，强调礼仪使人修身养性、悟道有礼，使社会井然有序。后经孔子及其弟子的实践、推广，礼不断丰富完善，内涵得以深化，最终成为中国传统文化的核心，并对后世历朝历代产生了巨大影响。

图1-1 "万世师表"——孔子

孔子开创私人讲学之风，倡导仁义礼智信，有弟子三千，其中贤人七十二。他曾带领部分弟子周游列国十四年，晚年修订六经（《诗》《书》《礼》《乐》《易》《春秋》）。孔子去世后，其弟子及再传弟子把孔子及其弟子的言行语录和思想记录下来，整理编成《论语》。该书被奉为儒家经典。

"不学礼，无以立。""己所不欲，勿施于人。""恭而无礼则劳，慎而无礼则葸，勇而无礼则乱，直而无礼则绞。""与朋友交，言而有信。"这些均是孔子主张的礼仪。

（资料来源：作者搜集整理）

三、中华传统礼仪与中国人文精神

（一）中华传统礼仪的内涵

我国是历史悠久的文明古国，几千年来创造了灿烂的文化，形成了高尚的道德准则、完整的礼仪规范，被世人称为"文明古国，礼仪之邦"，中国人也以其彬彬有礼的风貌而著称于世。礼仪文明作为中国传统文化的一个重要组成部分，对中国社会历史发展起到了广泛而深远的影响，其内容十分丰富。

中国传统礼仪讲究的是在与人交往时要放低姿态，谦恭待人、尊重他人，以赢得他人的尊重。中华礼仪讲究中和，中和是调整均衡，天地正位，人与人之间、事与事之间都需要调整均衡。讲究礼仪更多的时候能体现出一个人的教养和品位。真正懂礼仪、讲礼仪的人，绝不会只在某一个或者几个特定的场合才注重礼仪规范，这是因为那些感性的又有些程式化的细节，早已在他们的心灵历练过程中深入骨髓，逐渐融入生命。

无论何时何地，我们都要以最恰当的方式去待人接物。"礼"是我们生活交往中很重要的一部分，中华传统礼仪的诚敬谦让、和众修身的礼仪原则在当代社会仍然值得提倡。

（二）中华传统礼仪蕴含民族自信

礼仪是民族自信的底蕴和支柱，更是民族复兴的强大力量。中华礼仪的美德是所有中华文化中独一无二的瑰宝，中国大踏步赶上了时代，中国人民意气风发走在了时代前列，身为中华儿女的我们，更应将这份已和骨髓融为一体的精粹传承下去，学习、弘扬中华传统礼仪，构建和谐社会，以高度的民族自信心和团结意识守护中华民族的传统礼仪，为中华文明不断焕发新的生机活力作出贡献。

（三）中华传统礼仪体现中国人文精神

中华传统礼仪涵盖了尊老敬贤、仪尚适宜、礼貌待人、容仪有整等，既协调了人际关系，塑造了文明社会风气，增进了社会主义精神文明建设，为社会形成良风美俗提供了重要的价值意义，也是中国人民精神风貌的体现。这些文明行为均体现了现代社会主义的核心价值观。我们每一个个体都应努力做到：践行美德和礼仪、有包容精神、坚持不懈的探索精神及无私无畏的价值追求；在生活中提升自身素质，在工作中加强职业道德建设、树立爱岗敬业信念；善于与人合作、直面挫折，勤劳、勇敢、上进；与人友好相处、爱工作、爱社会。

任务二　新时代酒店服务礼仪

思政导航

进入21世纪，旅游业成了我国经济发展的一项重要内容，酒店业是旅游业的重要组成部分。近些年，众多酒店升级转型，致力于智能化发展。作为服务行业而言，服务质量永远是评价行业无可争议的话题。新时期，人们对于出行质量及体验提出了更高的要求，

> 优质的服务就是酒店业的名片，提升酒店服务礼仪对行业评价有着积极的意义。酒店服务礼仪领域涵盖的内容有很多，比较常见的有酒店服务人员的职业形象、酒店服务用语礼仪、酒店接待礼仪等。除了旅游服务行业的通用规则，培养服务人员的健康思想、健康品德、健康人格，都关乎酒店服务的整体质量和宾客体验。所以酒店服务礼仪行为与中华传统礼仪美德、社会主义核心价值观、后备人才的思想政治品德有着十分密切的联系，这一点在新时代发展背景下更为突出。

一、新时代酒店服务礼仪的内涵

旅游酒店是一个综合性服务接待企业，酒店服务礼仪是酒店经营中很重要的一部分，酒店服务质量的好坏是客人是否选择入住酒店的一项重要指标，优质服务是旅游酒店的生命，也是酒店服务职能部门的核心工作。

新时代酒店服务礼仪是酒店服务人员在服务过程中对服务对象表示尊重的一种规范化行为。它是在酒店服务中形成并得到共同认可的礼节和仪式，同时也是酒店服务人员在自己的工作岗位上应该遵循的礼仪规范，属于职业礼仪的范畴。

新时代酒店服务礼仪的宗旨是礼貌服务、客人至上，主要体现在全心全意为客人服务的理念上。这就要求酒店在服务工作中以本国国情、民族文化和道德为基础，讲究服务艺术，遵守服务礼仪规范；尊重客人的风俗习惯和宗教信仰，关心客人，使客人获得满意的感受、认可酒店的服务，从而赢得更多的回头客，树立良好的个人形象和酒店形象。

（一）新时代酒店服务礼仪

随着时代的进步与发展，酒店在管理与服务等方面都有了一定程度的创新与发展。酒店的服务礼仪代表着酒店的整体形象，是酒店整体服务质量的重要体现，同时也是消费者衡量酒店等级标准的重要指标。新时代背景下，酒店之间的竞争不断扩大，酒店的服务及礼仪制度越发完善，酒店服务礼仪的提升是酒店不断发展的基础与支柱。

作为现代礼仪的重要组成部分，新时代背景下的酒店服务礼仪就是酒店服务人员向宾客表示尊重和友好的一种形式，是为宾客提供服务时所应遵循的行为准则和规范，它对于酒店的运营有着非同一般的重要性。这里所指的行为规范，意味着酒店服务人员在工作场合开展服务时的标准的、正确的做法，也是酒店服务人员在自己的工作岗位上向服务对象提供服务时的标准的、正确的做法。

酒店服务人员是否懂得和运用旅游服务行业基本礼仪，不仅反映出员工自身素质的优劣，而且折射出酒店文化水平和经营管理境界的高低。因此，酒店服务人员要努力掌握服务的各项要求和礼仪规范，最大限度地满足宾客的需求，提供优质的服务。

（二）中华传统礼仪是新时代酒店服务礼仪的基石

在新的时代背景下，消费者对酒店的服务礼仪提出了更高的要求。为此，各个酒店的管理部门应不断提升自身的服务质量及礼仪的标准。礼仪制度的创新是酒店长期以来不断发展的结果，中华民族是礼仪之邦，酒店的传统礼仪同样也是在中国传统礼仪的基础之上发展而来的。

酒店是服务型行业，在服务中，只有把可信赖的质量和优良的服务结合起来，才能达到令客人满意的效果。优良的服务与酒店服务人员的举止行为有关，更与员工的礼仪修养有关，它不仅体现了一个员工自身素质的优劣，而且反映了一家酒店整体水平和等级的高低。

如果每一名酒店服务人员都能够做到待人接物落落大方，着装得体，举止文明，彬彬有礼，谈吐高雅，酒店就会赢得社会的信赖、理解与支持。反之，如果员工言语随意、举止失度，待人接物冷若冰霜或傲慢无礼，就会有损酒店形象，失去顾客，失去市场，在竞争中处于不利的地位。人们往往通过某一个员工、某一件小事情来衡量一家酒店的等级、服务质量和管理水平。

（三）新时代酒店服务礼仪与政治思想品德

酒店礼仪同样也是人际交往的一部分，体现着酒店的整体精神面貌与待客之道，酒店的服务礼仪可以间接反映酒店管理人员的道德准则和价值观。良好的酒店服务礼仪能够体现出服务人员爱岗敬业的良好思想道德品质与修养。

1. 新时代酒店服务礼仪要与提升政治思想品德联系起来

提升全员的思想品德教育就是在一定的群体内用正确的思想观点、道德准则、行为规范，对成员施加有计划、有目的的影响，促使新时代旅游酒店服务人员在规范自身职业修养的同时提高自身思想道德素质。每一位酒店服务人员的精神面貌、道德修养都是整个酒店服务形象与服务质量的组成部分。一个政治立场坚定的、思想道德水平高的员工能为宾客提供更优质、更友好的服务，在良好的氛围中完成服务工作。思想政治品德教育符合社会主义精神文明建设要求，是加强社会主义精神文明建设的重要内容。

2. 品德教育引导酒店行业健康发展

提升酒店服务人员的思想政治品德，将在今后的酒店服务中起到明显的引导作用。思想政治品德要求每个人都要有严格的纪律作风、良好的生活习惯和基本素养，在旅游酒店各岗位中主要体现在良好的生活习惯方面，包括早睡早起、内务整洁、制服得体等。同时，品德教育注重集体意识，它是团结协作、助人为乐、吃苦耐劳、善解人意、纪律严明、基础过硬的综合品质与素质。酒店服务人员热情周到、亲切真诚、一视同仁，具备主动为客人提供良好服务的意识，这是提升酒店服务质量的关键。酒店服务人员端正行为品德、政治观点、道德规范，对日后的服务工作会起到良好的引导作用。要提高酒店服务人员的业务素质，就必须切实重视他们的思想道德建设，如此才能使行业健康发展。

（四）新时代酒店服务礼仪与职业道德

对酒店服务礼仪提出高标准和严要求，是对酒店客人及消费者基本权利的保障。酒店的服务礼仪一方面可以反映酒店管理制度的完善性，另一方面也是酒店服务人员职业道德的体现。作为服务类行业，其目标是为消费者提供良好的消费体验，因此，作为酒店的工作人员要具备良好的职业道德。

酒店是社会中的一个单位，是社会文明的窗口，对酒店服务人员的基本要求就是要遵守社会公德与职业道德。酒店形象要靠全体员工的辛勤劳动、热情服务并由这种服务造成社会效益逐渐在人们心中树立起来。酒店服务人员的职业道德是指在职业活动的整个过程中必须遵循的行为规范和行为准则，也就是社会道德在职业生活中的具体体现。

案例 1-2

服务人员应以情服务

某客人在入住酒店时，发现房间物品配备不全，于是打电话到前台询问为什么不提供矿泉水，而且牙刷还少一把。当班接待员立刻表达了歉意，承诺马上派服务员给客人补上。但矿泉水和牙刷被送到该客人房间时，已经过去了15分钟，导致该客人对入住酒店的印象很不好。

（资料来源：作者搜集整理）

点评：酒店行业应该以情服务，用心做事，如果说连客人最基本的必需品都满足不了，又何谈用心做事呢？当班服务员是有责任的，在为客人清理房间的时候这些用品都应该是配齐的，而该配未配，很简单的一点儿疏忽就造成了顾客的不满。在工作当中要加强换位思考意识，时刻把客人的利益摆在第一位。

二、新时代酒店服务礼仪的原则

作为一种约定俗成的行为规范，礼仪有其自身的规律性，也就是礼仪的原则，它是人际交往中人们应共同遵守的基本准则。酒店服务礼仪虽然只是礼仪的一个小小分支，但同样也有自己的原则。酒店服务人员在实践酒店服务礼仪时要严格遵守以下原则，为宾客提供高品质的服务。

（一）尊重与友好原则

子曰："礼者，敬人也。"这是对礼仪核心思想的高度概括。尊重是礼仪的本质，礼仪本身从内容到形式都是尊重他人的具体表现，尊重原则要求人们在人际交往中以相互尊重为前提，不侮辱对方人格，不损害对方礼仪，又要保持自尊；做到敬人之心常存，处处不可失敬于人，失敬就是失礼。只有尊重他人，才能赢得他人的尊重，人与人之间的关系才会融洽和谐。新时代酒店服务礼仪的规则也就是围绕着自尊和尊人这个核心而制定的。掌握了尊敬原则，就等于掌握了酒店服务礼仪的灵魂。

新时代的酒店服务礼仪有了更高的标准和要求。酒店会接待不同身份的消费者，此时，服务人员要贯彻尊重每一位消费者的理念，并对消费者保持友好态度，提供良好的服务，让消费者感到舒适。

友好具体表现在对他人热情而真诚，态度是最好的交往语言，如笑迎八方客。微笑是最美好的语言，是热情和自信的人必不可少的一个有力工具，是给对方留下亲切、友善的好印象的头号策略。服务人员微笑时，表明他（她）是友好的、热情的和坦率的。微笑一下非常容易，但它产生的魅力却是无穷的。真诚的微笑服务会让宾客觉得如沐春风，如饮甘泉。

（二）诚信与真诚原则

诚信即指诚实、不欺骗、遵守诺言，有了诚信就能取得他人的信任。人离不开交往，交往又离不开诚信与真诚。与人交往时要热情友好，以诚相待，不卑不亢，端庄而不过于矜持，谦逊而不矫饰做作。处事果断、富有主见、精神饱满、诚信且真诚的人容易激发别人的交往动机，博取别人的信任，产生使人乐于与你交往的魅力。

作为酒店的服务人员，要遵循诚信与真诚的工作原则。为此，就要保证消费者的知情权，以真诚之心对待每一位消费者。真诚也是酒店能够保持长久发展的重要因素。例如，在具体的服务中，工作人员要将实际的居住环境

及房间设施的使用情况如实告知消费者。

只有诚以待人才能产生感情共鸣，才能收获真正的友谊。没有人喜欢虚情假意，夸夸其谈只会败下阵来。

（三）平等与宽容原则

平等是现代礼仪的一个重要原则，在任何时候、任何情况下，都不允许因与交往对象在年龄、性别、种族、文化、职业、身份、地位、财富及和自己的关系亲疏远近等方面有所不同而区别对待。现代酒店作为文明礼貌的窗口，更应贯彻平等这一礼仪的基本原则，不仅要一视同仁地对待客人，对待自己的员工也是一样，要一碗水端平，才能做到不偏不倚。具体来说，不论服务对象是外宾还是内宾，是熟客还是陌生的客人，都要满腔热情地接待，绝不能有任何看客施礼、厚此薄彼的做法，更加不能以貌取人、以财取人，酒店服务人员应本着"来者都是客"的原则，用同等相待的真诚态度去关心每一位客人。不管客人在现实社会中所处的地位如何，都要给予同等的礼遇。只有这样才能结交更多的朋友，提供更贴心的服务。

宽容即宽待、包容。一般来说，交往双方在心理上总是存在一定的距离，这种差异会让交往者产生思想隔膜，甚至产生不相容的心理状态，会使双方关系僵化。要想缩小这种心理上的差异，求得人与人之间多一分和谐、多一份信赖，就必须抱有宽容之心。宽容不是懦弱，而是一种气度，有气度的行为往往具有巨大的感化力量。宽容别人不但能缓和气氛，也能显示出自己良好的礼仪修养，而且能在一定程度上潜移默化地影响对方，使其有可能受到感化。旅游酒店服务人员的宽容就是要严于律己、宽以待人，要多容忍他人、体谅他人、理解他人。

（四）从俗与适度原则

从俗与适度原则也是酒店服务礼仪的重要原则。这一原则要求服务人员在处理消费者需求问题及接待消费者时要从容，并且采用消费者能普遍接受的处理方式和服务态度。

酒店服务人员在接待不同的宾客时要遵循他们的风俗习惯与礼节，以减少交往时出现的文化差异，减少相互间的观念冲突。不同国家、不同民族的宾客文化习俗有别，思维方式与理解角度也往往差别较大，在交往中应相互尊重，谨慎从事，不能超过限度。

月盈则亏，水满则溢，适度原则是要求人们在运用礼仪时，为了保证取得成效，必须注意技巧，合乎规范，特别要注意把握分寸，讲究得体。当然，运用酒店服务礼仪想要真正做到恰到好处、恰如其分，只有依靠勤学多练、积极实践。

项目一　中华礼仪与新时代酒店服务礼仪

案例 1-3

主动向客人"认错"

某客人入住江南某家酒店后,先对房间布置提了建议,认为配备的杂志有些旧,接待人员立刻道歉并为该客人送来几本新的杂志。该客人喜欢喝茶,用客房配备的两袋茶叶包泡了一杯茶,喝过后再加水觉得味道稍淡,再想加,茶叶已经没有了。于是客人不悦地打电话给楼层服务台,建议房间应准备口感不同的茶叶包,并请服务员再送几包浓一点儿的红茶来。接待人员将茶包送来,再次致歉并表达了酒店对该客人入住的欢迎。

此刻,客人很受感动,发觉自己真的给服务人员添了不少麻烦,不由得向服务员连声道谢。

(资料来源:作者搜集整理)

点评:酒店服务人员对客人的服务本没有错,但服务人员能主动向客人"认错",说明其对"客人永远是对的"这句酒店服务座右铭有着正确的认识,具有服务人员出色的素质和修养。

三、新时代酒店服务礼仪的特点

(一)服务的多样性

随着当前酒店竞争压力逐渐加大,新时代的酒店服务礼仪想要在众多的酒店服务中取得较高的口碑,就要增加酒店服务类型的多样性。例如,酒店可提供餐饮、住宿、观影、休闲娱乐等一体化服务,满足消费者不同的消费需求,丰富酒店的服务管理类型。

(二)服务的传统性

由于酒店面向的是各个不同阶段与层次的消费者,因此,其提供的服务礼仪要遵循传统性原则。传统性即各个层次的消费者能够普遍接受的服务方式,酒店服务礼仪的创新都是在服务传统性的基础之上实现的。

(三)服务的差异性

酒店要具有自身的服务特色和独特的礼仪传统才能够获得持续不断发展的重要动力。服务的差异化体现在不同等级的服务类型上,对应的是不同消费阶层的用户。例如,酒店可以设置普通消费套餐及高级消费套餐,以满足不同消费者的需求。

（四）服务的规范性

酒店应不断发展和完善服务管理体制及工作规章制度，保证酒店服务礼仪的规范性。通过对工作人员工作模式及工作方式的规定，形成一定的规范性，会增加酒店自身的认可度与知名度。

规范的酒店服务包括礼由我出、善待宾客，言之有礼、言之有趣，举止得体、热情好客，礼让三分、助人为乐，等等。

（五）服务的国际性

礼仪是人类文明的结晶，也是现代文明的重要组成部分。礼仪作为一种文化现象，是全人类共同的财富。尽管不同的国家、不同的民族、不同的社会制度所形成的礼仪表现形式有一定差异，但它所表达的既是对他人也是对自己的尊重的核心内容是一致的。比如，待人接物热情周到、彬彬有礼；彼此尊重、和睦相处，体现出人们日常生活中的文明、友好；注重个人卫生，穿着适时得体；见人主动问候、礼貌交谈、使用文明用语；关爱他人，帮助弱小等礼仪，已为世界各国人士所接受并共同遵守。正是由于礼仪核心内容的国际性，世界上才形成了共同认可的国际交往礼仪。

酒店不仅仅面向国内消费者，所以也要不断提升服务质量与等级，增加酒店服务礼仪的国际性要素。例如，酒店在人员培训方面也要注重外语培训与要求，为跨国沟通提供充足的保障。

四、新时代酒店服务礼仪的功能

（一）强化酒店服务意识

酒店服务意识是指酒店全体员工所体现的为宾客提供热情、周到、主动服务的欲望和意识，即自觉主动做好服务工作的一种观念和愿望，这种意识发自服务人员的内心。

酒店服务人员要增强酒店总体的服务意识，贯彻以消费者为中心的工作理念，这是新时代对酒店服务礼仪提出的基本要求。服务意识的内涵是发自服务人员内心，是服务人员的一种本能和习惯。

服务是酒店行业的基本特征，是每位酒店服务人员都必须具备的最基本素质，不管是部门经理、总经理或普通员工都应遵守此规则，而不仅仅是要求员工注意仪容仪表、礼貌礼节、高效服务等，部门经理或主管更应该以身作则。

（二）规范酒店服务标准

酒店保持高速稳定发展一定是以规范化服务为基础的。规范化服务是各大酒店能否在激烈的市场竞争中高速发展的重要保障，意味着酒店在各方面的运营必须满足严格的要求，前台服务、客房清洁标准、餐饮服务、布草洗涤、酒店的安保和消防等，都有统一的标准和要求。

酒店应该在各个环节提供细致又周到的服务，如处理问题的高效性，干净整洁的每一间客房，营养丰富、品种多样的餐食，这些都能够带给旅客像回家一样的温馨感受。相反，如果没有及时完善规范化服务流程，无法积极调整规范化服务的细则，就会降低客人的入住欲望。只有充分站在客人的立场去思考问题，在不断实践和探索的过程中去逐步完善和调整，才能让酒店在客人心中留下深刻的印象。

拓展阅读 1-2

酒店服务人员基本问候礼仪

酒店服务人员问候客人时应注意：行 30 度鞠躬礼；保持微笑和目光接触；音量、音调保证 3 米内能够清晰、明确地听到；客人距离 2 米时，员工应准备问好；距离 1.5 米时开始鞠躬问好；用词"您好"，如知道客人姓名及职位应问候"×××先生，您好"或"×××经理，您好"；争取成为好听众，身体可以适度前倾（图1-2）。交流中应避免无反馈、无目光接触、无点头、无微笑及反驳、打断对方。

（资料来源：作者搜集整理）

图 1-2　问候礼仪

（三）提升酒店服务质量

提升酒店的服务质量，就是要优化服务，即酒店向客人提供的各种服务要使宾客产生舒适感、安全感、宾至如归感。酒店的服务质量直接关乎酒店的生存和发展，关乎酒店的声誉和经济效益，它是酒店经营成败的关键。服务是根据酒店方方面面的工作来确定的，从宾客进入酒店的第一环节开始到其最后离开为止，这期间的每一项工作都会影响宾客对酒店服务的满意度。酒店可以通过不断改善自身的管理模式与服务制度的方式，不断对自身的工作进行发展与创新，提升酒店的基本服务质量，为消费者提供良好的消费体验。

（四）塑造酒店服务形象

酒店的服务形象对酒店品牌的形成及知名度的提升有着十分重要的影响，酒店要将服务礼仪作为本酒店的品牌进行推广，发展酒店自身的品牌可以提升消费者对酒店的认同（图1-3）。

酒店服务人员正确运用规范的服务礼仪已不仅仅是一种出自本能的需要，更是获得群体认可、个人成长进步的一种必要途径。酒店服务人员应更加注重文明素质，讲究礼仪修养，自觉成为礼仪的载体、文明的化身。

图1-3　酒店服务形象

思政园地

在我国，改革开放政策与"一带一路"倡议的落实，使旅游业越发变得成熟，新时代背景下的酒店业作为旅游业的重要组成部分，在中国特色社会主义的发展背景下，与社会主义核心价值观息息相关。新时代酒店业的核心价值观就是倡导"宾客为主、服务至诚"，即通过服务礼仪提速行业价值观的养成，让行业服务者约束自己、提升自己，塑造良好的新时代酒店服务形象。

酒店服务礼仪是酒店行业服务水平的重要反映，良好的服务形象反映的是酒店的品牌形象，同时也会反作用于宾客，对宾客的文明行为和态度产生影响。在一个和谐、良好的氛围中，如果个别宾客不文明，就会显得非常突兀。同样，社会的发展与稳定、家庭的

项目一　中华礼仪与新时代酒店服务礼仪

和谐与安宁、同事之间的信任与合作，都依赖于人们共同遵守礼仪的规范与要求。社会上讲礼仪的人越多，社会便越发和谐稳定。在维护酒店行业秩序方面，酒店服务礼仪起着不可估量的作用。

 思考与练习

一、单项选择题

1.（　　）诠释了新时代酒店服务礼仪平等原则。
A. 一视同仁　　B. 区别对待　　C. 严于律己　　D. 遵守诺言

2.（　　）的《周礼》《仪礼》《礼记》是我国最早的礼仪学专著。
A. 夏朝　　　　B. 春秋时期　　C. 周代　　　　D. 清末

3. 人们在交往过程中逐渐形成了惯用的各种行为规范，如见面的人相互打招呼、握手都是必不可少的（　　）。
A. 礼仪　　　　B. 礼貌　　　　C. 修养　　　　D. 礼节

二、多项选择题

1. 新时代酒店服务礼仪的宗旨是（　　）。
A. 礼貌服务　　B. 宾客认可　　C. 宾至如归　　D. 客人至上
E. 细致周到

2. 新时代酒店服务礼仪的特点有哪些？（　　）
A. 多样性　　　B. 传统性　　　C. 差异性　　　D. 规范性
E. 国际性　　　F. 适度性

三、简答题

1. 简述礼仪与新时代酒店服务礼仪的概念。
2. 结合实际谈谈酒店服务礼仪的原则。

四、案例分析题

细节体现服务品质

一天，李女士和几位朋友到一家酒店用餐，接待他们的是女服务员小王。一个多小时过去了，李女士和朋友聊天聊得有些口渴了，就顺手拿起茶杯准备喝茶，李女士感觉茶有些凉，没有喝就直接又放下了，继续和朋友聊天，这时服务员小王观察到李女士这个细微的动作，便热情主动地上前询问："女士，给您换杯热茶吧？"这时李女士感到格外惊奇，赞叹服务员小王在服务中用心观察客人的需要，及时为客人提供周到贴心的服务，同时对酒店的服务点了大大的赞！

（资料来源：作者搜集整理）

试分析小王这种用心服务的态度体现了她怎样的职业素养？

五、实操训练

1. 搜集1~2则有关文明礼仪的名言佳话，并向同学们宣讲。

2. 新时代酒店服务礼仪与职业道德有何关联？请分组讨论，并由组长总结、发言，各组进行打分。

参考答案

2 项目二
酒店服务人员形象礼仪

 项目导读

良好的职业形象既是酒店服务人员的外在美,也是一种文化修养、审美意识的内在体现。在酒店接待服务中,从业者要具有彬彬有礼、稳重大方、态度诚恳的职业风貌。

本项目阐释了酒店服务礼仪中仪容、仪表、仪态的概念,讲解了化妆礼仪、不同着装及佩饰礼仪、仪态礼仪的规范要求。通过学习本项目内容,学生应该在酒店服务工作中熟练掌握这些礼仪,树立优雅大方、稳重得体的职业形象。

学习目标

1. 了解酒店服务人员仪容、仪表、仪态礼仪的具体要求。
2. 熟悉酒店服务人员仪态礼仪在日常生活中的正确运用。
3. 掌握正式场合下男士女士着装的基本原则与要求。

思维导图

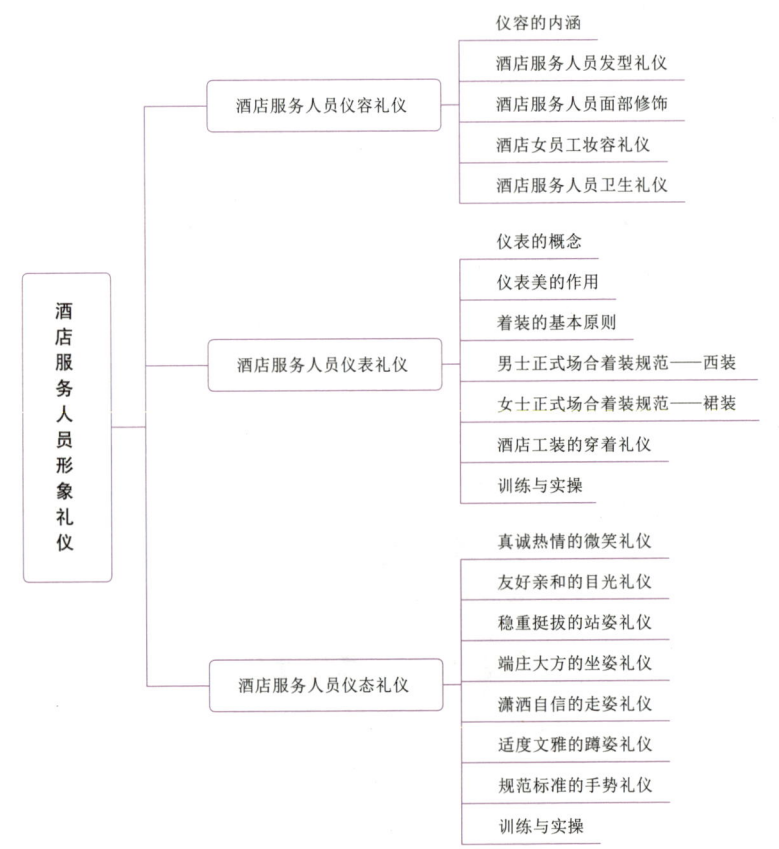

任务一　酒店服务人员仪容礼仪

一、仪容的内涵

仪容的意思是人的外观、外貌,尤指动人的或健康的外貌、容貌。它由发饰、面容及所有未被服饰遮掩、暴露在外的肌肤构成,包括五官的修饰和适当的发型衬托等,容貌的修饰是个人综合素养的体现。

在酒店服务过程中,良好的容貌给人以精神焕发、朝气蓬勃、充满活力的直接感受,更能烘托出服务人员的优雅与大方,同时,也是尊重他人的一种表现。而容颜不整,则使人看上去萎靡、疲倦、无精打采,直接影响自己在对方心目中的形象,甚至影响整个服务接待工作。因此,自然、清新、美丽的容貌是树立良好自我形象不可忽略的礼仪,更是塑造酒店服务人员职业形象的基础。

二、酒店服务人员发型礼仪

(一)女士发型礼仪

女性酒店服务人员的发型要求:长发必须盘发,刘海全部收起;如是齐刘海,长度应到眉毛以上不遮眉;不要有碎发,碎发需用小型黑色发卡或用啫喱水进行修饰,不能使用艳色或金属色发卡;盘发的发型简单为好,花苞头、松垮庞大的发型都不符合职业形象礼仪要求;短发应露出眉毛、耳朵,不能让头发遮挡住脸部,应把整个面部露出,显现出干净清秀的面容(图2-1)。

图2-1　女士发型

(二)男士发型礼仪

男性酒店服务人员的发型要求:前不遮额头、后不触及衣领,两侧不触及耳朵;头发的长度以不超过5厘米为宜,需用啫喱水修饰定型,以展示男士简单、卫生、阳光的健康形象(图2-2)。

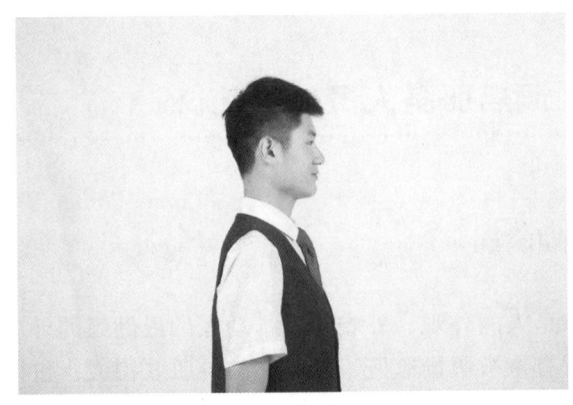

图 2-2 男士发型

(三) 男女发型礼仪的要求

1. 头发整洁无异味

男女酒店服务人员都应该经常理发、洗发和梳理,以保持头发整洁、没有头屑;可使用清香型发胶,以保证头发整洁,不用异味发油。

2. 发型大方得体

酒店男员工不能留长发、大鬓角;不允许留络腮胡子和小胡子。酒店女员工不梳披肩发,长发盘起,短发利落。头饰以深色、小型为好,不可夸张耀眼。

3. 染发要适当

酒店男女服务人员不要将头发染成奇怪的颜色,如红色、金黄色、灰色等。

三、酒店服务人员面部修饰

(一) 眼部修饰

1. 眼部卫生

酒店服务人员应该注意眼睛的清洁卫生,养成经常清理眼角处分泌物的习惯。在清洁时不要当众擦拭或用手去擦,而应避开他人用手绢或餐巾纸轻轻擦拭,同时还应注意讲究卫生,防止传染眼部疾病。

2. 眼部的保养

眼部皮肤是全身皮肤中最娇嫩的一处。因此,眼睛周围的皮肤最容易衰老、松弛,其中最容易老化的又数外眼角,其次是内眼角。一般女性从 25 岁起就应使用眼霜,它可以延缓眼部皮肤的老化,减少皱纹的出现。女性 30 岁以前用滋润型的眼霜,30岁以后就需要使用抗皱眼霜了。在使用眼霜时,注意用量不要太大,否则,皮肤吸收不好容易起脂肪粒。正确使用眼霜的方法是用无名指从下眼睑由外向里到上眼睑由内向外轻轻涂抹。

3. 眼神

眼睛是面部表情的第一要素,见到顾客时,要眼含诚意及喜悦。与之交谈时,应不时与对方双目对视,但不可用力地长时间直视对方,特别是异性顾客,与之对视时间不宜过长,否则是失礼的表现。同时,不可东张西望,不宜俯视或斜视。

(二)鼻部修饰

1. 鼻部的保养

鼻子位于脸部中央,是别人自然投射目光的聚焦点,鼻子的修饰在于注重保养。鼻子及其周围若是长疮、暴皮、有黑头或青春痘,甚至出现"酒糟鼻"都会严重影响美观。因此,要注意使用适合自己的护肤品和化妆品,不要经常乱挤、乱抠鼻子部位的皮肤。

2. 鼻部卫生

不要当众擤鼻涕,也不要当众挖鼻孔,更不应乱抹乱弹鼻垢。如感冒流鼻涕,要用干净的手帕或餐巾纸避人清理,防止出现不雅声音。同时,男士更要注意经常修剪鼻毛,鼻毛外露是极其不雅的形象。

(三)口部修饰

1. 口腔卫生

做好口腔卫生,进食后要及时刷牙漱口,防止口中有异味或残留食物,养成每天早晚刷牙,饭后漱口或刷牙的习惯,并去专业机构洗牙和整牙,在人际交往中,洁白的牙齿能够提升个人的人格魅力,酒店服务人员更应保持一口洁白整齐的牙齿,这既是对客人的尊重,又能展示个人良好的职业面貌。

2. 唇部护理

嘴唇的护理也是口部修饰的重要内容,应适当呵护自己的嘴唇,防止嘴唇干裂、暴皮和生口疮。女士要使用润唇膏、唇彩、口红等,它们既能保养唇部又能美化面部;男士也可使用男士润唇膏护理唇部。另外,还要注意避免唇边、嘴角残留分泌物和其他异物。与别人交谈时应放慢语速,不能口沫四溅,应时刻保持自己文雅的形象。

3. 注意禁食

酒店服务人员在对客服务中要注意口气不要有异味,以免给客人带来不舒适的感觉,也避免影响自己良好的形象。因此,应避免食用一些带刺鼻味道的食物,如葱、蒜、韭菜、豆腐乳、韭花酱、虾酱、烈性酒等。

4. 接触直接入口食品的操作

在有下列情形时，应洗手并消毒：①处理食物前；②使用卫生间后；③接触生食物后；④接触受到污染的工具、设备后；⑤咳嗽、打喷嚏或擤鼻涕后；⑥处理动物或废弃物后；⑦触摸耳朵、鼻子、头发、面部、口腔或身体其他部位后；⑧从事任何可能会污染双手的活动后。

（四）耳部修饰

1. 耳部卫生

耳部修饰主要是保持耳部的清洁，及时清除耳垢和修剪耳毛。冬季时耳部应注意防冻，否则产生冻疮会影响个人形象。不要当众清除耳垢，那样既不雅观，也不安全，若伤及耳膜后果会很严重。因此，要在没人且安全的地方清除耳垢。

2. 耳部饰品

酒店一线服务人员在服务中不能佩戴耳饰，酒店行政管理人员可以佩戴款式简洁的耳钉。

（五）颈部修饰

1. 颈部卫生

有的人洗脸时只清洗面部，不洗颈部，这样的洗脸方法是不正确的，时间久了颈部就会产生"阴阳脖"，看起来很不美观，因此，保持颈部清洁卫生是非常重要的，平时还要注意保养颈部，加强颈部运动与营养按摩，使颈部的皮肤紧细、光洁、有弹性，以提升个人整体形象。

2. 佩戴饰品

建议酒店服务人员在工作场合少佩戴颈部饰品，以符合服务从业者的上岗要求。

四、酒店女员工妆容礼仪

微课 2-1：酒店女员工妆容礼仪

酒店业是一个"好客"行业，化妆亦是服务礼仪的基本要求。对于酒店服务人员及酒店各类工作人员而言，按其工作性质，穿着打扮、仪容仪表等均应有相应的规定，因工作特性的关系，容易造成人的审美疲劳，适当的化妆能给客人以尊重，是自身心态调整的一个极佳方法，员工的仪容仪表从一定程度上反映了一家酒店的管理水平和服务水平（图2-3）。

图2-3 女士妆容

(一) 妆容的礼仪要求

1. 整齐的眉毛

眉毛要整齐,眉型要自然。无论是否用眉笔,都需将双眉颜色加深,临出门前用眉刷扫擦眼眉,使眉毛顺从生长的方向,这样看起来会更自然且显得眉清目秀。

2. 柔和的眼影

鲜艳的眼影再加上粗眼线,是最失败的化妆法。得体的化妆主要靠颜色的混合交融,而最自然的眼影是冷艳的棕色及含蓄的灰褐色。凡以红色为基调的眼影,如紫红色或紫蓝色,都会令眼睛看起来颇为浮肿,建议酒店服务人员选用与所穿制服相一致的色调。

3. 自然的眼线

画眼线的目的是使双眼有神,所以不宜太过明显。画好眼线后,可用尾指或棉棒稍微抹开,使妆容看起来更加自然。

4. 均匀的腮红

腮红要擦得淡薄、均匀,避免一块白一块红看起来不自然。如腮红显得奇怪,问题通常出在所用的腮红刷太小,可选一个大一些的。

5. 淡雅的唇妆

润泽柔美的双唇会给人留下很好的第一印象,唇膏颜色可根据个人肤色选择。作为服务人员,应选用浅色或暗色唇膏,不宜过于浓艳,让人气色显得精神为佳,否则便与服务行业不相称。

（二）皮肤的类型

1. 干性皮肤

干性皮肤的特点是皮肤干燥无光泽，但不常过敏，不易长粉刺，皮肤的适应性较强，应及时给干性皮肤补充油脂和水分。

2. 油性皮肤

油性皮肤的特点是分泌的油脂较多，皮肤的光泽度较好，有弹性。但容易长粉刺，易过敏，皮肤的适应性较差，应及时清除面部的油脂（洗脸），减少油性食物的摄入。

3. 中性皮肤

中性皮肤是一种较理想的皮肤，可根据季节的变换正确地保养皮肤。

4. 混合性皮肤

混合性皮肤的特点是面颊和T型区各属于两种不同的肤质，一般T型区是油性皮肤，面颊区是干性皮肤，这种皮肤就要使用不同的护肤品，有针对性地进行护肤。

5. 过敏性皮肤

过敏性皮肤，就是在不同环境接触不同的食物或不同的物品时会出现皮肤过敏，这种皮肤不要经常更换化妆品，且对过敏的物品和食物一定要慎重接触。

（三）皮肤的保养

作为酒店服务人员，良好的皮肤状态能反映一个人的精神状态与精神面貌，也关乎酒店的整体形象，因此，酒店服务人员应注重皮肤的日常清洁和保养工作。

1. 注意皮肤的清洁

护肤时选用刺激性较小及香料含量少的洁面产品，用温水彻底清洗脸部，之后可使用有杀菌作用的酸性且不油腻的护肤品。此外，经常沐浴对全身皮肤的保养也十分有效，入浴时，要好好清洗膝盖与肘部等关节部位皮肤，浴后按摩脸及四肢，可令皮肤饱满，关节灵活，在温热洗澡水中加少许醋，洗浴后会感到格外地舒适。

2. 多饮水

秋冬季节气候干燥，要特别注意多饮水，尤其是在睡前。睡前一杯水对肌肤是非常宝贵的，因为当人睡觉时，这杯水便在人的细胞中循环被吸收，使肌肤更加细嫩柔滑，但也不宜过量饮水。洗澡前饮一杯水有美容的功效，肌肤缺少弹性时，最好能养成洗澡前喝一杯水的习惯，这杯水能在人洗澡时促进皮肤的新陈代谢，使体内的细胞得到充足的水分，使皮肤滋润。

3. 注意饮食调节

许多食品都有较好的美容作用。例如，大豆除了能补充人体的营养以外，炒而嚼之，可锻炼面肌，促进人体的血液循环和新陈代谢，从而使人面色红润、光滑。平时，应少吃油炸类食物，不熬夜，睡前做好皮肤保养工作。

4. 少晒太阳，保持皮肤白皙

紫外线是伤害皮肤的头号大敌，强烈的紫外线会使皮肤变得黑暗、粗糙、失去光泽，如需外出和室外活动，要注意防晒，减少紫外线的侵入，适当地涂抹防晒霜，保护皮肤健康。

（四）化妆的程序与技巧

1. 化妆的程序

面部化妆程序是一个复杂的工艺过程，化妆时必须按照以下基本程序依次进行。

（1）清洁。在化妆前，用适合自己肤质的洁肤类化妆品彻底清洁皮肤，如洁面膏、洁面乳等。

（2）涂护肤品。在面部均匀地涂一层润肤品，起滋润、滋养皮肤的作用。如化妆水、润肤霜、润肤乳等。

（3）涂粉底霜。粉底霜具有一定的遮瑕效果，既能提亮肤色，又能遮盖脸上的雀斑、瑕疵，同时还有美白的效果。可根据自己的皮肤类型和肤色选择适合自己的粉底霜。

（4）扑干粉。干粉起定妆作用，扑粉要求以薄、匀为原则，看起来似有似无为佳。

（5）修饰眉毛。按照事先设计好的眉型描画，注意眉毛的立体层次感。

（6）修饰眼睛。利用各种眼影色的晕染，塑造眼部的立体感。

（7）修饰鼻子。在鼻梁和鼻翼两侧涂抹化妆品，使鼻梁显得更加挺拔。

（8）修饰脸颊。涂腮红，使面部呈现出自然、健康的红润。

（9）修饰唇。用口红、唇彩的颜色和光泽强化嘴唇的色彩。

（10）检查效果。化妆完成后，要做全面、仔细、从局部到整体的检查，看是否达到了化妆的目的，是否体现了美容的效果。主要关注以下几个方面：①妆面干净，浓淡适中，整体协调；②眉、眼、面颊的妆造，左右要一致；③有无缺漏；④牙齿上不要沾口红。

2. 化妆的技巧

（1）眉的修饰（图2-4）。

图 2-4　眉的修饰

①眉毛由眉头、眉峰、眉尾三部分组成。鼻翼的垂直延长线上方就是眉头；眉尾在鼻翼外侧与外眦连线的延长线上；从眉头到眉尾的 2/3 处就是眉峰。

②修眉的步骤。第一步，对着镜子将眉毛刷顺，用棉球蘸酒精或收敛性化妆水，清洁眉毛及周围。第二步，确定眉型。可先用眉笔画出适合自己的眉型，凡留在轮廓线以外的眉毛都是多余的。第三步，修整形状。用眉钳将多余的眉毛拔掉，直至获得理想的眉形。

③描眉的技术。眉毛是一根一根的，所以用眉笔描画时要表示出这种质感，不能简单地画成一条线，要顺着眉毛的生长方向一根一根地描画，使之像原生一样。描完后用眉刷将颜色刷匀，与真眉毛糅合在一起。

（2）眼睛的修饰。眼部化妆包括涂眼影、画眼线、涂睫毛膏。正确的眼部妆容不仅可以突出眼睛的优点，而且可以弥补和修饰某些不足和缺陷（图 2-5）。

图 2-5　眼睛的修饰

① 涂眼影。使用眼影的目的是使眼睛神态突出，表现眼部结构，从而塑造眼部的立体感。一般眼影的色调有四种：阴影色、晕染色、提亮色、强调色。阴影色一般涂在希望显得窄小的部位。这种颜色一般包括灰色、棕色。晕染色主要用来晕染阴影色的上缘，目的是使阴影色自然真实。这种颜色一般包括棕红色、肉红色。提亮色一般是发白的，主要指白色、肉色、浅粉、浅黄，涂在希望显得高、显得宽的部位，使之与阴影色产生对比，加强眼部的立体感。强调色，主要指蓝色、绿色、紫色、金银色，用于修饰和美化眼睛，从而吸引人们的注意力。强调色一般用于眼尾部分，面积不宜过大，色调要与整体妆容和服饰协调。

② 画眼线。眼线的功能是使眼睛增大而明亮，但千万不要画得太浓了，以免影响自然美感。画眼线时，应从外眼角向内眼角描画，线条由粗变细，眼尾略上翘，使之与睫毛有自然的过渡。上眼线画七分长，下眼线也是沿着下眼睑边缘由外向内描画，线条逐渐变细，画三分长。无论是哪种眼型，画眼线时都不要把眼睛框起来，上下眼睑的眼线之间应有微小距离，否则会显得很不自然。

③ 涂睫毛膏。要使眼睛更富神韵，适当地修饰眼睫毛是很有必要的，其不仅可以提高眼影和眼线的化妆效果，而且可以使双眼格外明亮，炯炯有神。在涂睫毛膏之前，先用睫毛夹夹紧睫毛根部约 10 秒钟后松开，使睫毛卷曲上翘，增加眼部魅力，然后涂上睫毛膏。

（3）鼻子的修饰。鼻子位于面部正中，位置突出、醒目，故鼻子的化妆是很重要的。标准的鼻子应是鼻梁挺拔，比例协调。鼻子长度为标准脸型纵向 1/3 长，宽度为标准脸型横向 1/5 宽。鼻子美化主要是通过画鼻侧影和鼻梁的提亮来实现的，目的是调整鼻子不理想的部位，使鼻梁显高，以衬托眉眼和脸型。在画鼻侧影时，切勿弄脏其他部位妆容。具体方法是用化妆刷扫蘸上所需适量阴影色，从鼻根沿着鼻梁两侧向下涂，由深变浅，在靠近鼻根的眼角处稍加深一点儿的明影。鼻影与脸部粉底的相连处色彩要相互融合，不要显出两条色道。在鼻梁处涂亮色，明暗对比会使鼻子有立体感、挺拔感。

（4）面颊的修饰。红润光滑的面颊自古以来就是人们衡量美貌的重要标志之一。颊部化妆主要是通过涂抹腮红以弥补肤色的不足，反映女性特有的生动光彩气质。腮红颜色很多，有琥珀色、粉红色、淡紫色、棕红与大红色等。在选择腮红颜色时，除应考虑它与服装、肤色、年龄、身份符合外，还要考虑它要与面部妆容色调相统一。原则是晚间宜深，白日宜淡。

在涂腮红时，更要注意与脸型相配合，做到均匀、柔和、自然。腮红位置必须准确，通常涂在颧骨附近。用腮红刷或腮红粉扑沿颧骨向发边抹去，再向下晕染，也可从发边沿额骨下方向口角斜抹，然后向上方晕染。妆效要均匀自然，不留施染痕迹。

（5）唇的修饰。唇妆是面部化妆的最后一道工序，起着"画龙点睛"的重要作用。润泽柔美的朱唇与明亮传神的眼睛相互辉映会更迷人。唇膏大多为暖色系调配出的种种混合色，可依个人气质和喜好，以及与面部肤色相呼应的需要来选择。若上班或去较严肃的场合，宜选用色彩浅些、暗些的唇膏；出席大型晚会、舞会时，则应选用色彩较艳、较红的唇膏。

①确定唇型。为唇部化妆时，首先要选定唇型，唇型直接影响面容，对化妆的效果起很大的作用。例如，一张宽阔、长下巴的脸，就不能画上又短又薄的唇型；相反，一张狭窄、瘦下巴的脸，也不能画上色彩浓重的厚型大唇。因此，唇型要根据每个人的实际情况来确定，不能盲目去选择，以免破坏整体美感。

②描画唇型。根据自己选定的唇型并结合自己嘴唇的特点，确定唇部轮廓。首先用唇线笔由上唇唇山自中心向外侧画，接着再决定下唇唇部的曲线。然后由口角的前端向唇山描出自然线条，注意一定要谨慎描绘。最后下唇也由口角延伸，线条要画得圆滑、柔和、准确清晰。

③涂唇膏。唇的轮廓画好后，就可以用唇膏填画内侧。涂口红必须涂到嘴角。另外，还要注意不要涂出唇线以外。如出现此种情况，可用质地柔软的纸巾或棉棒将出格的口红轻轻擦掉，并将擦过的地方用底色补好。

（五）不同脸型的化妆技巧

由于每个人脸型不同，五官比例和搭配不同，或由于五官某一部位本身存在一定缺陷，所以我们虽然了解了不同风格妆型的基本要点，但绝不可按照一成不变的模式生搬硬套。化妆最基本的目的在于掩饰不足，弥补缺陷并最大限度地突出容貌、肤色的优点和长处。所以，化妆前首先应对个人的脸型及肤色类型有一个基本的把握，然后根据职业特点选定适合自己的妆型，按一定的美学原则有针对性地化妆，如此才能达到理想的效果。

1. 脸部上半部分不足的化妆掩饰法

有的女性脸部下半部分端正好看，但眼睛等上半部分却不太理想，如小眼睛、单眼皮、眉型差、额头窄、额骨突出等。要弥补上述不足，必须"对症下药"。例如，眼睛小的女性，欲使眼睛看起来大一些，最好的方法是通过化妆使脸型显得瘦一些，为此可通过画阴影将面部轮廓"化"小一点儿，然后再把眼睛"化"大。但千万不可在眼睛周围涂满眼影色，或者将眼线画得过粗，这样反而会破坏面部轮廓的比例，使整张脸看上去更不协调。眉型不好比较容易矫正,而额头窄则应通过腮红内缩的方法,调整视觉差。

2. 脸部下半部分不足的化妆掩饰法

实际上掩饰法的特点,就是通过强化脸部某部位的优点,从而弱化所需掩饰部位的弱点,或用高速视觉差的方式,从视觉感上转移别人的注意力,使本来明显的缺陷变得不太醒目。所以,脸部下半部分不足宜在脸的下半部施以深暗阴影色,使视觉变窄、变小;口红宜选用接近肤色的颜色,以突出脸面上半部分的长处,转移观察者的视线。这种方法在化妆上又叫"障眼法",即采用扬与抑相结合的方法来削弱视线对脸的下半部分的注意。

3. 大脸庞的化妆掩饰法

大脸庞脸型在化妆时,侧重点是采用内缩法,体现暗度的对比与反差,从视觉上将脸型变窄。化妆的具体方法是:第一,可在脸庞外围使用较深颜色的粉膏,而面孔中心使用浅色粉膏,使中心部位看起来明亮一些,产生亮点突出的效果;第二,可通过发型改变人的视觉效果。只要脖子不是太长或太短,选择披肩发就可以获得将脸型拉长的视觉效果。

4. 方脸型的化妆技巧

方脸型女性要想在化妆上达到理想的效果,最重要的是在视觉上消除面部的棱角感,使之显得相对柔和、协调。化妆时,面部阴影应设在脸颊的两侧后方偏下部位,然后稍稍向两腮扩展,呈朦胧状态。这样处理可使下颌骨的棱角显得柔和一点儿。涂腮红应由颧骨向耳朵方向延伸,唇型线条宜柔顺,避免勾出棱角,描眉时向下画线,眼角可稍往上挑。

5. 长脸型的化妆技巧

长脸型化妆的重点应集中在如何让脸型在视觉上变短,所以化妆时应以横向延伸作为突破口。较为普遍的方法主要是通过变换腮红,以求达到视觉效果的变化。具体做法是涂腮红时以颧骨为中心,横向一直涂到发根,描唇线时可将实际嘴唇描得稍宽一点儿;下颌要加阴影,以使面孔看起来短一些;而眼上暗沉部位则要在中央加阴影,或擦染睫毛膏。

6. 三角脸型的化妆技巧

三角形脸庞,由于脸型上宽下窄或下宽上窄,所以这种脸型的化妆最重要的是尽量求得上下部的平衡。上宽下窄者要尽量设法使脸型的上半部显得窄一点儿,两腮显得宽一点儿(上窄下宽者反之)。为了不使下巴较窄的部位显得突出,则应将阴影加宽并横向向两侧延伸(上窄下宽者反之);涂口红则要力求曲线自然,尤其下唇要有分量感,画眉要尽量画直,并接近眼尾,末端要稍微向上。

7. 圆脸型的化妆技巧

圆脸型由于脸颊和下巴比较饱满，化妆时为了使面孔看上去显得狭长一些，画阴影就需要从脸颊后方往前，渐渐变得淡一些，然后由腮中央往下，也要涂得淡一点儿，直到下巴处逐渐消失。值得指出的是，腮红不应使面部看起来有突出的感觉，而应在视觉上产生一种渐缓的效果。涂唇膏时，上唇的中央可多涂些，两旁逐渐减少，下唇应从嘴角处向中央涂。总之，涂完唇膏后不能给人留下一种嘴唇是圆形的印象。

五、酒店服务人员卫生礼仪

（一）手的卫生要求

对于酒店服务人员来讲，手部卫生尤其重要，除要达到美观的要求外，现在更讲究手部卫生，无论是给客人递接物品还是在服务过程中，都应做到手部干净清洁。

（1）要养成勤洗手的习惯，始终保持手上没有污垢，尤其是没有嵌在指甲内的黑垢。

（2）经常使用护手霜，以使指甲及周围的皮肤保持光润。

（3）勤剪指甲使其圆滑且规整有形，指甲的长度不超过 2 毫米。

（4）不涂有色指甲油和留过长的指甲。

（二）身体的卫生要求

（1）常洗澡，勤换衣，保持身体气味清新。

（2）服务时佩戴口罩、手套，保持良好的卫生习惯。

（三）公共场合形体细节要求

酒店服务人员在公共场合尤其要注意自己的形体打扮，否则不仅会影响个人的整体形象，而且会妨碍和干扰其他人。具体要求如下。

（1）按规范要求注意自己的口、鼻、手的卫生。

（2）头发要常洗常梳，尤其要避免带着满头的头皮屑出席公共场合，应考虑使用去头皮屑的洗发水和护发素。

（3）发型要朴实大方，符合职业要求，不留怪异发型或染成彩色头发。

（4）常洗澡，勤换衣，尽量避免身体带着汗味、体味出席社交场合。

（5）注意面部清洁，化淡妆上岗。在工作场合，不可浓妆艳抹，更不要打扮得"花枝招展"。

（6）上岗不得佩戴除手表以外的饰物。

项目二 酒店服务人员形象礼仪

案例 2-1

酒店的形象需要每一个人塑造

某报社记者吴先生为做一次重要采访,下榻于北京某饭店。经过连续几日的辛苦采访,终于圆满完成任务。吴先生与二位同事打算庆祝一下,他们来到餐厅时,接待他们的是一位五官清秀的服务员,接待服务工作做得很好,可是她面无血色显得无精打采。吴先生一看到她就觉得没了刚才的好心情,仔细留意才发现,原来这位服务员没有化工作淡妆,在餐厅昏黄的灯光下显得病态十足,这又怎能让客人看了有好心情就餐呢?开始上菜时,吴先生又突然看到传菜员涂的指甲油缺了一块,当下吴先生第一反应就是"不知是不是掉入我的菜里了?"但为了不惊扰其他客人用餐,吴先生没有将他的怀疑说出来。但这顿饭吃得吴先生心里很不舒服。最后,他们请柜台内服务员结账,而服务员却一直对着反光玻璃墙面修饰自己的妆容,丝毫没注意到客人的需要,到本次用餐结束,吴先生对该饭店的服务十分不满。

(资料来源:作者搜集整理)

点评:酒店服务人员不注重自己的仪容、仪表或过于注重自己的仪容、仪表都会影响服务质量。

任务二 酒店服务人员仪表礼仪

一、仪表的概念

仪表指一个人的外表,是总体形象的统称,包括言语神态、发型服饰、身材和姿态等,是构成交际"第一印象"的基本因素。在酒店中,服务人员规范的仪表是一个企业服务水平的体现,更是服务人员职业素养的体现。

仪表美是一个综合概念,它包括三个层次的含义:一是指人的容貌、形体、体态等协调优美,如体格健美匀称、五官端正秀丽、身体各部位比例协调、线条优美和谐。二是指经过修饰技术打扮及受后天环境的影响而形成的美。三是指一个人淳朴高尚的内心修养和蓬勃向上的生命活力的外在体现。简言之,仪表美就是自然美、修饰美和心灵美三者的和谐统一。因此,美的仪表不仅指人的物质身体的外壳，而且指人的性格气质、思想感情、道德情操、文化修养乃至社会文明的发展程度。

二、仪表美的作用

（一）良好的仪表是酒店服务人员内在文化素养的外在体现

初次见面时，人们往往会对交往主体的容貌、服饰、谈吐、风度、形象给予特别的关注，这些方面将直接影响到人们对主体第一印象的客观评价。

（二）良好的仪表是增强服务人员自信心的有效途径

落落大方、温文尔雅、谦谦有礼的行为举止会展示给宾客良好的精神风貌，给人留下值得信赖的印象。

（三）良好的仪表是满足宾客审美意识的需要

"爱美之心，人皆有之"，交流过程中，每位宾客都希望体会到美好的事物和环境。因此，服务人员出众悦目的个人形象会让对方眼前一亮，好感倍增，也会使相处过程更加顺畅、愉悦。

（四）良好的仪表是树立酒店企业形象的基础

企业形象是指社会公众对企业素质的整体印象与评价，包括企业的产品形象、员工形象、营销形象等。直接影响企业在市场中的竞争力，酒店行业更是如此。而员工是酒店文化的传播者，其一言一行皆会影响社会公众对酒店的客观评价，同时也能起到形象宣传、公众展示的重要作用。它像一把戒尺，可以衡量、评价酒店的管理水平及服务标准等（图2-6）。

图2-6　酒店服务人员仪表

项目二　酒店服务人员形象礼仪

三、着装的基本原则

着装是对人体最基本、最自然的修饰，它不仅是人际交往和生活的需要，更能体现出人的个性和魅力，是一种文化，更是一门艺术，是社会文明不断发展、进步的一个重要体现。"人靠衣装马靠鞍"，无论时代如何变化，衣着都是展现一个人外表美的重要途径，合体的着装可让人赏心悦目，自信优雅，气场倍增。

案例 2-2

好形象，赢得好口碑

凌晨，天空正下着鹅毛大雪。酒店前厅门口，一位风尘仆仆的中年女士一脸倦容，拖着行李走了进来。迎宾接待莉莉快速起身迎接，面带微笑缓步走到女士身边，轻声问候道："您好，女士，有什么可以帮您的吗？"中年女士拍打着身上的雪，说要一间房。莉莉点头微笑着回应道："好的，马上为您办理，我帮您倒一杯姜枣茶，暖暖身子吧！"房间入住手续很快办理好了，莉莉热情地为女士提拿行李，送到电梯，并不忘送上微笑，祝客人晚安。

第二天，莉莉快下班时，收到了来自这位女士的感谢信，她大赞莉莉非常专业，尤其是她的笑容、言行举止让人备感舒适和放松，印象深刻。经理还说，这位女士办理了酒店的 VIP 会员，莉莉非常开心。

（资料来源：作者搜集整理）

点评： 前厅大堂是整个酒店的窗口和门面，一方面注重的是环境和氛围，另一方面也体现着酒店文化和人文关怀。而接待服务人员的一言一行、一举一动，则会影响客人对酒店的主观感受。树立良好的个人仪表形象，提升职业素养，不仅体现了酒店的档次和规格，更能为酒店树立良好的口碑。莉莉赢得了客人的尊重，也赢得了客人的信任。

（一）着装的色彩搭配原则

总体协调，色不过三，即三原色。色彩又分为冷色调、暖色调、中色调。色彩搭配讲究和谐、美感和个性，不应突兀，令人不悦。色彩搭配的方法有以下三种。

1. 同类色搭配

即深浅、明暗不同的两种同一类颜色相配，如青配天蓝，墨绿配浅绿，

咖啡配米色、深红配浅红等。同类色搭配的服装显得柔和文静。

2. 近似色搭配

即两个比较接近的颜色相配，如红色与橙色或紫红色、黄色与草绿色或橙黄色搭配等。近似色搭配的效果也比较柔和。

3. 强烈色搭配

指两个相隔比较远的颜色相配，如红色与绿色、黄色与紫色搭配等。强烈色搭配会呈现出时尚的效果。

（二）整体协调性和整洁性原则

1. 着装的整体协调是着装美的重要因素

培根说过，"美不在部分而在整体。"服饰整体美的构成因素是多方面的，要通过服装的色彩、款式、质料的选择搭配和装束的匹配，塑造个体形象。一方面，服装本身在色彩、图案、款式、质料和风格上要统一和谐；另一方面，服装的饰品，如帽子、围巾、手套、鞋袜、皮包等，要力求在色彩、风格、款式图案和质料质感等方面和服装本身相匹配，形成一种整体美。

2. 整洁着装的必要因素

不论穿着何种款式的服装，干净整洁总会给宾客心理舒适的感觉，因为整洁是最美的修饰，代表振奋、积极、向上的精神状态。为此，服装应保持清洁，并熨烫平整。蓬头垢面、衣冠不整，不可能给人留下好印象。

（三）着装的TOP原则

T（time）、O（occasion）、P（place）原则上要求着装要因时间、场合、地点的变化而相应变化。这个原则是我们在生活中和酒店服务中都应当掌握的礼仪常识，它既能体现在日常交往中对他人的重视，也能体现酒店服务人员规范有礼的职业形象。

1. T（time），与时间相适应

时间的含义有三层。一是指每天的早上、日间、晚上三段时间的变化。例如，在西方，男子夜晚就不能穿晨礼服。二是指每年的春、夏、秋、冬四季的不同。如果在飞雪的冬季穿一件质地非常薄的连衣裙，这显然也是很不合适的。三是指时代的差异。人们应根据并顺应不同时代的潮流和节奏，选择与之相适宜并协调的服装。

2. O（occasion），与场合相适应

着装要考虑是工作场合，还是休闲场合；是祝贺场合，还是慰问、致哀场合；是为了引人注目，还是不被人注意等，也就是说，服装要与场合相适应。上班穿的服装要整洁、大方、高雅，不需要过分引人注目，尤其不宜穿着暴露过多的服装；如观看演出、参加宴会、舞会等场合，服装就要穿得规

范又时尚；而如果是在家休息、上街购物、观光游览等，服装就要既舒适又得体。

3. P（place），与地点相适应

与地点相适应是指考虑该国、该地所处的地理位置、自然条件乃至国家的开放程度，也就是要与所处的环境相适应，使服装具有一种"现场感"，用一个成语来概括可谓"因地制宜"。当你进入一个环境——繁华都市或是边远乡镇，豪华宾馆或是海滨公园，晚宴舞厅或是林荫花间，你就构成了环境的一部分，需与之保持一致，否则环境会对你形成一种排斥力，使你在这个环境中显得十分突兀。所以，应尽量使仪表修饰与环境氛围相协调，整个环境不会因你而产生视觉破坏，你在其中也自在而舒服。

四、男士正式场合着装规范——西装

西装起源于欧洲，于清朝晚期传入中国，当时的激进青年把它作为接受新思想的象征。20世纪80年代后，在我国成为流行时尚。西装作为一种国际化的正统服装，为世界各个国家所接受和认可。因此，男士在出席正式的社交场合时，可穿着西装（图2-7）。

图2-7　男士西装

（一）西装的选择

我们通常所说的正装西服，主要分为单排扣西服和双排扣西服，它们各有不同特点（图2-8）。

单排扣西服一般只有2粒或3粒扣子，双排扣西服则有4粒或者6粒扣子。西服款式的开衩问题，一般有3种：西服两个侧面各开1个衩，称为双开衩；只在后背正中央开1个衩，称为单开衩；左右及后背中缝都没有开衩，称为不开衩。单排扣西服可以选择上述3种中的任何一种，而双排扣西服则只能选择在2个侧面各开一个衩，或者不开衩。此外，领子的宽度也有所区别。

图2-8 单排扣西服和双排扣西服

当前比较适合年轻人的西服款式是单排扣的西服制式，简约而时尚；双排扣的西服制式更适合中老年人，显得稳重且更趋于成熟。单排扣西服中，双开衩款会更为正式，单开衩款略带休闲风格。

因此，在选择西装款式时，应充分考虑自己的身高、体型等特征，具体可测量自己的三围，另外肩宽、臂围、袖宽等细节也不应忽略。

（二）西装的穿着规范礼仪

（1）三色原则。身上着装最好不超过三色。

（2）三一定律。鞋子、腰带、公文包，三色一致。

（3）腰带饰品要和谐。出席重要场合时不允许挂任何饰品。

（三）着西装应注意的事项

1. 领口、袖口和后背

西装需合身，领子应紧贴衬衣领口且低于衬衣领口1.2厘米，西装衬衣的袖长要比西装上衣袖子长出 1~2 厘米,袖子的长度以达到手腕为宜;西装领头一定要立起,保持挺阔,外露部分应平整干净;领子不要翻出;西装背部的长度不宜过短,一定要盖过臀部 3~5 厘米。

2. 衬衣、内衣

穿西装需穿长袖衬衣,并将纽扣扣好,衬衣下摆要掖在裤子里,穿西装切忌穿过多内衣,且内衣的领子、袖子不要外露。如果天气太冷,可以加一件毛衣或背心,但一定要紧身,避免内里过于臃肿。

3. 领带和裤子

在正式的场合,西装应搭配领带,领带的长度要适中,以达到皮带扣为宜,但不要盖过腰带。西装的裤长以裤脚接触脚背为最佳,腰带宜选黑色(图 2-9)。

图 2-9 衬衣、领带和裤子的穿戴

4. 扣子、衣袋

坐着时,西装可以敞开。站立时根据西装的不同款式系扣子。例如,穿双排扣西装,一般要将扣子全部系好。单排两粒扣子的西装,扣子只系上面一粒;单排三粒扣的西装,则系上面的两粒,下面的扣子可以不系。西装的衣袋只起装饰作用,一般不要放过多的东西。

5. 鞋袜

穿西装一般要配黑色的皮鞋,皮鞋应保持皮面整洁与光亮,不应蒙尘。袜子需为深色,且要盖过脚踝,切忌穿白色袜子。

男士穿着西装要注意以下几点。西装应注意妥善保养、清洗及保存,避免面料褶皱、受潮、变形和缩水；正式场合不要选择宽条纹图案面料的西装；西装的领子要贴合背部；西装宜选择有腰线的款式，以突显身材，显得男士更加精神和气质不凡；裤装切忌过于肥大，给人以拖沓、不干练的感觉；衬衫材质应选择质地优良、挺阔的面料，搭配领针，更显品位；长脸型更适合大领型、有宽度带扣子的衬衣领，方脸型可选择圆角边、带扣子的领型；若脸型圆润，可选择带扣子的长尖领型；不要在腰带上挂钥匙、手机、打火机等物品，选择精致且有品位的腰带，既简洁干练，又彰显不凡的品位。

五、女士正式场合着装规范——裙装

在正式场合中，女士着裙装能给人以干练、优雅、自信且充满职场魅力的感觉，同时，有别于男士的阳刚之气，潇洒大方，女士裙装更能体现女性独有的柔美气质和自信从容。

酒店服务人员着裙装可充分展示出女性独立干练、美丽优雅的职业形象，与酒店高端、雅致的环境氛围融为一体，满足宾客的审美需求，给宾客以美的感受（图 2-10）。

图 2-10　女士裙装

（一）裙装的选择

可选择西服套裙或裙装（如连身裙）。西装套裙的上衣如果是单排扣，可选择不系，内里搭配衬衣或打底衫；双排扣西装上衣则应全部系上扣子。

1. 裙装选择要求

（1）款式：应简洁大方，显得高雅、端庄，色彩不要太鲜艳。

（2）面料：手感舒适、不易起皱。

（3）口袋：套裙要有口袋。

（4）领口：不宜开得过大，宜选择翻领款式。

2. 注意事项

女性套裙裙长应至膝盖处，过短会显得不够庄重。同时应穿高跟鞋和连裤丝袜，丝袜无脱丝、破损现象。

（二）裙装规范穿着礼仪

裙装在平时应用衣架挂起并妥善存放，穿着前应熨烫平整，保持垂顺且干净整洁；选择质地优良且不易起皱的面料；款式应得体自然，不要过于时尚、新潮、彰显个性，宜选择纯色裙装，如黑色、白色、灰色、咖色、蓝色、红色等，避免选择图案过于靓丽、光鲜的花色，这些都显得不够庄重。过多的装饰、亮丝亮片，裙子过短、过于紧身，暴露部位过多等，都会让客人感觉过于暧昧，也会让自己有失身份，略显轻浮。

（三）着裙装的和谐搭配

1. 整体搭配

裙装除要选择适合自己的款式及面料、颜色外，还应注意整体搭配要和谐、自然。

（1）内衣：应确保合身，曲线流畅，避免隐私部位走光，避免颜色外露、透视等尴尬的情况。

（2）袜子：着裙装要着连裤丝袜，是一项不成文的惯例，要选择长款或连裤袜，尺寸大小适宜，质地应透气舒适，自然丝滑；在穿着时应整理妥当，避免脱落、卷边、下滑；颜色选择最常见的肉色、黑色，注意不可选择带有印花、渔网纹或亮丝、明显图案的连裤丝袜。

（3）鞋子：高跟鞋是女性职业装中不可或缺的搭配，它可以展示女士自然健康、直立优美的腿部线条。高跟鞋应选择不露脚跟或脚趾的鞋型，材质选择舒适皮质，鞋跟高度以 3~5 厘米为宜；鞋面颜色与服装色彩相配，如黑色、藏青、暗红、灰色等。

（4）配饰：选择适宜的配饰，可以为整体形象增光添彩，让人更为出众，如别致的胸针、丝质丝巾、修饰腰身的腰带等。

2. 注重公众形象

不可在公共场合整理衣裙和提袜（可在化妆间、衣帽间进行），另外最好随身备一双连裤丝袜，若穿着过程中发生破损或勾丝可及时更换。

六、酒店工装的穿着礼仪

酒店服务人员着装的基本要求：在工作岗位上要穿制服，鞋袜应搭配合适。穿制服要佩戴工号牌，制服应注意整洁、搭配得体。

（一）酒店制服的作用

1. 制服是酒店的标识符号

制服是为了让客人很容易找到工作人员。制服的设计融合了卫生和安全因素，使用的是保护性布料，透气、健康，也便于洗涤，特殊岗位还会使用特种面料。

2. 制服是酒店营销的标志

制服可以协助推广与销售酒店产品。不同酒店及同一酒店不同部门的制服都不一样，应适应并配合各部门的主题和色调（图2-11）。

图 2-11　酒店各岗位形象

（二）不佩戴首饰

由于职业及特殊岗位的要求，酒店服务人员不可以佩戴首饰，如耳饰、颈饰、腕饰、发饰等。一是由于职业的特点，若佩戴首饰，服务时会影响到肢体动作及技能操作；二是过多的装饰装扮会分散人的注意力，不利于专注本职工作；三是不符合服务人员职业形象的要求，与职业、环境、身份不符。

（三）整洁完好，无褶皱

对于酒店服务人员来说，得体的衣着不仅能展示其良好的职业形象，体现积极向上的精神风貌，也可展示出其内在良好的修养。服装表面应保持整洁、干净及完好，面料平整、挺阔且无褶皱，不可有破损、开缝、配件缺失等情况。

（四）手表的佩戴礼仪

手表作为功能性首饰，可以根据具体岗位的情况来选择是否佩戴，且应注意手表的款式、功能、质地等。在对客服务的工作中佩戴手表，可体现工作人员较强的时间观念和严谨作风。选择手表时，应注意外形、颜色、图案、功能，切忌花里胡哨，过于奢华、时尚和张扬（图2-12）。

图2-12　男士手表和女士腕表

七、训练与实操

（一）训练目的

训练酒店服务人员掌握规范着装的礼仪，按照酒店规范工装要求标准化着装，定期检查着装情况，维护岗位职业形象，提升员工职业素养，展现员工良好的职业风貌和精神状态。

（二）训练方法

按照酒店各岗位要求展示工装穿着

酒店各岗位均有不同的制服样式，如门童、大堂经理、前台服务员、餐厅服务员、厨师、会议服务人员、客房服务人员应遵循规范的穿着要求。

（1）门童岗位实训。着工装现场模拟服务，指导门童规范着装（图2-13）。

图 2-13 门童着装

（2）大堂经理岗位实训。着工装现场模拟服务，指导大堂经理规范着装（图 2-14）。

图 2-14 大堂经理着装

（3）前台服务员岗位实训（图2-15）。

图2-15　前台服务员着装

（4）餐厅服务员岗位实训（图2-16）。
（5）厨师岗位实训（图2-17）。

图2-16　餐厅服务员着装

图2-17　厨师着装

（6）会议服务人员岗位实训（图2-18）。

图2-18　会议服务人员着装

（7）客房服务人员岗位实训（图2-19）。

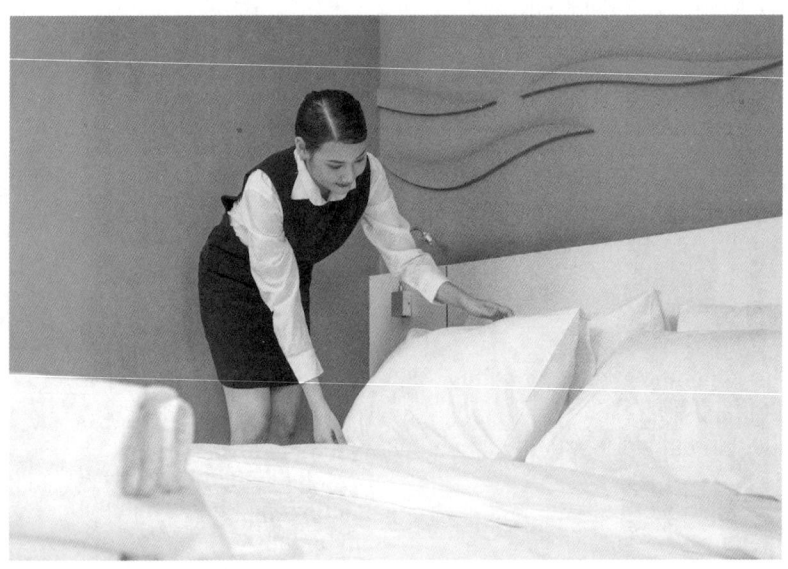

图2-19　客房服务人员着装

任务三　酒店服务人员仪态礼仪

思政导航

礼仪提倡德行与和谐教育

礼仪文化是中华民族的生存智慧，也是对人们思想道德、生活情趣、伦理关系的规范，因此传承和弘扬这一文化，对当代大学生是十分必要的。《礼记·礼运》篇曰："选贤与能，讲信修睦，故人不独亲其亲，不独子其子，使老有所终，壮有所用，幼有所长，矜寡孤独废疾者皆有所养，男有分，女有归。货恶其弃于地也，不必藏于己；力恶其不出于身也，不必为己。"《礼记》从讲信修睦、社会公德、家庭责任、个人品质、治安秩序等多个方面阐释了礼仪的功能，这与建设"和谐社会"的精神吻合，也与社会主义核心价值观中的"文明、和谐、平等、公正、诚信、友善"等精神契合。因此，高校传播礼仪文化有助于在学生心中根植和谐的种子，更能从文化心理建设上让其习得"公德心、公平心、责任心"三心意识，以及"诚信、和睦、仁爱"三德品质。

一、真诚热情的微笑礼仪

微笑是没有国籍的语言，在服务中起到传递热情、表达友好、体现真诚的意愿，是酒店服务人员应具备的一种职业表情，也是酒店服务人员良好的精神风貌和积极向上的精神内涵的体现。

（一）微笑的内涵

1. 微笑是礼仪的基石

建立在微笑基础之上的行为是符合礼仪要求的行为。不能保持微笑的礼仪行为，只能是一种机械化的动作，不能称为"礼仪"。因此，真正的微笑才能体现真诚、友善、谦恭、和蔼、融洽。

2. 微笑能够给客人留下良好的印象

在为客人服务的过程中，服务人员热情的微笑会给客人留下服务态度真、服务质量高的第一印象，使客人心境良好，提升客人满意度，为酒店树立良好形象。

3. 微笑体现自信与美好

服务人员保持自然的微笑，能够体现良好的自信，展示娴熟、过硬的专业服务技能，体现沉着冷静的自信心理，能够从容自信地为客人提供优质热情的服务，给客人留下美好的服务形象。

4. 微笑表达对客人的友好与尊重

微笑是对客人表达友好和尊重的重要方式，只有在尊重客人的基础上才能使客人心情愉悦，对酒店的服务感到满意，从而建立与酒店的良好关系，也才能为酒店赢得更多的客源，给酒店带来良好的经济效益。

5. 微笑体现阳光心态和敬业精神

在服务中，服务人员保持微笑，既能体现积极向上的工作态度，也能体现阳光朝气的工作心情，更能体现乐业敬业的职业精神和敬业精神。工作中如果服务人员态度冰冷或情绪化，就会使客人感到其缺乏工作热情，从而对其服务产生不满，也会影响酒店的服务质量。

（二）微笑服务礼仪要求

1. 微笑要自然

首先要调整心情，保持轻松自然。面部放松，自然呼吸，笑容自然、大方、得体，面部表情柔和、亲切、不僵硬。

2. 微笑要发自内心

只有发自内心的微笑才是最真诚的微笑。因此，在对客服务中要尊重每一位客人，才能笑由心生。如果不重视客人，带着虚伪的假笑、牵强的冷笑只会让客人感到别扭和反感，从而影响酒店服务评价。

3. 微笑要把握分寸

在日常对客服务中，掌握规范的微笑礼仪是每一位服务人员必须具备的职业素养。经过规范的微笑训练，笑容会显得自然而具有亲和力。如果微笑的分寸把握不好，笑容不够或面部表情过于夸张，不仅无法让客人感受到真诚，而且会令客人不舒服，从而降低对服务的满意度。

（三）微笑训练要求

1. 微笑时注意口、眼结合

微笑训练时，应注意口型和眼神的结合。微笑时，两边嘴角微微向上提起，露出上面的6~8颗牙齿，不要露出下面的牙齿。目光平视前方，充满热情与真诚（图2-20）。

图2-20 微笑训练标准

2. 微笑与体态、举止相结合

在为客人服务时，服务人员在保持甜美微笑的同时，还应注意保持端庄的体态和优雅的举止。只有热情的微笑与稳重得体的行为举止相结合，整体的仪态才能符合礼仪服务的要求，真正展现服务人员训练有素的服务意识。如果不注重体态、举止，那么微笑也不会具有感染力。

3. 微笑与神情、语言相结合

在为客人服务时，既要保持微笑，又要注重精神状态饱满，不能萎靡不振，情绪低下，还应配合礼貌用语，展现出声情并茂的服务状态，使客人体验到自然、温馨的服务。

案例2-3

希尔顿的微笑服务

美国"旅馆大王"希尔顿于1919年把父亲留给他的12 000美元连同自己挣来的千余美元投资出去，开始了他雄心勃勃的经营旅馆生涯。当他的资产奇迹般地增值到几千万美元的时候，他欣喜而自豪地把这一成就告诉母亲，想不到，母亲却淡然地说："依我看，你跟以前根本没有什么两样。事实上你必须把握比5100万美元更值钱的东西，除了对顾客诚实之外，还要想办法使来希尔顿旅馆的人住过了还想再来住，你要想出这样一种简单、容易、不花本钱而行之久远的办法去吸引顾客。这样你的旅馆才有前途。"母亲的忠告使希尔顿陷入迷惘。究竟什么办法才具备母亲所指出的"简单、容易、不花本钱而行之久远"这四大条件呢？他冥思苦想，不得其解。于是他逛商店、旅店，以自己作为一个顾客的亲身感受，得出了准确答案："微笑服务。"只有它实实在在地同时具备母亲提出的四大条件。从此，希尔顿实行了微笑服务这一独创的经营策略，每天他对服务员的第一句话是"你对顾客微笑了没有？"他要求每位员工不论如何辛苦，都要给顾客送去微笑，即使在旅店业务受到经济萧条严重影响的时候，他也经常提醒职工记住："万万不可把我们心里的愁云摆在脸上，无论旅馆本身遭受的困难如何，希尔顿旅馆服务员脸上的微笑永远是属于顾客的阳光。"为了满足顾客的要求，希尔顿"帝国"到处都充满着"微笑"，使到希尔顿饭店投宿的顾客真正有一种"宾至如归"的感觉。当他再一次询问他的员工们："你认为还需要添置什么？"员工们回答不出来，他笑了："还是一流的微笑！如果是我，单有一流设备，没有一流服务，我宁愿弃之而去，住进虽然地毯陈旧，却处处可见到微笑的旅馆。"

> **点评**：微笑服务体现的是一种全心全意为客人服务的理念，因为微笑能使客人精神愉悦并对服务感到满意。

二、友好亲和的目光礼仪

"眼睛是心灵的窗户"，通过一个人的眼睛就能够感受到他的内心世界。即使不说话，我们也能明白他的态度和他的想法。因此，酒店服务人员的目光必须传递出一种热情和真诚，使他人能感受到发自内心的友好和尊重（图2-21），同时也要掌握在不同场合下目光的合理控制与运用。

图2-21　自然热情的目光

（一）注视的部位

1. 对方的双眼

注视对方双眼时，一般表示全神贯注、洗耳恭听的状态，如问候、交谈、祝贺、道歉等，时间不宜过久时，可注视对方双眼，以表示专注。

2. 对方的面部

注视对方的双眼，一般在交谈时间较长的场合使用。不要聚焦于面部的某一处，而要以散点柔视为宜。

3. 对方的全身

注视对方的全身，一般在与服务对象距离较远的场合使用。这样可通过对对方的整体观察，知道该为其提供怎样的服务。例如，看到对方一进酒店大厅便左右观望，你可主动上前询问："您好，请问您需要什么帮助？"

4. 对方身体的局部部位

注视对方身体的局部部位，一般是在特殊情况下使用，如递接物品时、

项目二 酒店服务人员形象礼仪

试穿服装时。但在一般场合下，不要打量他人的"禁区"，如头顶、胸部、腹部、臀部、腿部，注视他人这些部位是失礼的，也不要从头到脚上下打量一个人，那同样是失礼行为。

（二）注视的角度

1. 正视对方

正视对方，是表示尊重、重视。正视就是身体和面部正对着对方，与人交往中不斜视、扭头、偷偷注视，这些都是不大方和不尊重对方的行为。

2. 平视对方

平视对方，是表示平等、公正、自信、坦率、不卑不亢。平视就是目光与对方目光在同一高度平行接触。

3. 仰视对方

仰视对方，是表示尊敬、期待、信任。仰视就是目光向上看。从礼仪的角度讲，可以仰视，而不应俯视他人，服务人员站立或就座之处不得高于他人。

案例 2-4

专注的目光表示尊重

某酒店正在迎接一批团队游客，前台服务人员小刘正忙着为客人办理入住手续。在办理到李女士时，酒店电话响起，小刘一边给李女士办理入住，一边接起电话，边打电话边对李女士说："请出示身份证、请拍照验证……"直到把房卡交给李女士的整个办理过程中小刘一直没有抬眼注视李女士，李女士对小刘的服务非常不满意。

（资料来源：作者整理）

点评：在为客人服务时，要与客人有目光交流，这是对客人的尊重。相反，在为客人服务时，只顾忙于其他事情，忽略客人，没有目光交流，是一种非常不礼貌的行为。

三、稳重挺拔的站姿礼仪

站姿是酒店服务人员在服务过程中最基本的姿态。优美大方的站姿是发展不同质感动态美的起点和基础。规范的站姿能体现出自信和高雅的气质风度。

（一）规范站姿要求

在站立时要注意身体挺拔，肌肉应形成三种对抗力量，即髋部向上提，脚趾抓地；腹肌、臀肌保持一定的肌紧张，前后形成夹力；头向上顶，肩向下沉。如果没有悬顶感，人就沉下来了，缺乏力度；如果没有前后的夹力，腰就会松下来，出现挺腹或撅臀的现象；如果没有髋部和脚的对抗力，膝部就容易弯曲。因此，站立时要注意保持身体的这三种对抗力，缺一不可。

（二）女士标准站姿

1. 脚位

女士站立时，双脚有两种站位："V"字形站位，两脚后跟并拢，两腿夹紧，两脚尖外展 45~60 度；"丁"字步站位，右脚的脚后跟紧贴于左脚的脚心处，两腿夹紧，两脚尖外展 45~60 度。

2. 手位

女士站立时，双手有两种手位：前握手式，右手握住左手的手指部位，左右拇指叠放在双手手心处；后背手式，双手背于身后，右手握住左手的手指部位，左右拇指叠放在双手手心处。

3. 常用站姿

在生活和酒店服务工作中，女士要时刻注意站姿，既要简单大方，又要给人以自信的美，因此，站姿的控制不宜太夸张。女士常用站姿有两种："V"字步握手式站立，在标准站姿的基础上，两脚呈"V"字形站立，右手握左手贴于腹部或背于身后（图2-22、图2-23）；"丁"字步握手式站立，在标准站姿的基础上，两脚呈"丁"字步站立，右手握左手贴于腹部或背于身后（图2-24、图2-25）。

图 2-22 "V"字步前握手式

图 2-23 "V"字步后背手式

图 2-24 "丁"字步前握手式　　　　图 2-25 "丁"字步后背手式

（三）男士标准站姿

1. 脚位

男士站立时，双脚有两种站位：并拢式，在标准站姿的基础上，两腿、两脚自然靠拢；开立式，在标准站姿的基础上，两腿开立式站立，两脚打开的宽度不超过双肩的宽度。

2. 手位

男士站立时，双手有两种手位：前握手式，在标准站姿的基础上，将右手握住左手的手背部位；后背手式，在标准站姿的基础上，将双手背于身后，右手握住左手的手背部位。

3. 常用站姿

在服务过程中，男士的站姿要体现简单阳刚之美，不宜刻意摆放动作，那样会使整个人显得生硬夸张。以下几种站姿是男士常用的站姿：握手并腿式，在标准站姿的基础上，右手搭在左手上贴于腹部或背于身后，两腿自然并拢（图2-26、图2-27）；背手开立式，在标准站姿的基础上，右手搭在左手上背于身后，两腿分开且不超过自己的肩宽（图2-28）。

图 2-26　前握手并腿式　　图 2-27　后背手并腿式　　图 2-28　背手开立式

（四）站姿禁忌

1. 身体不直

站立时，一定要挺拔正直，不可弯腰驼背、凹胸凸腹、撅臀弯腿、斜肩头歪等，这些不良姿态会显得人无精打采，颓废消沉。

2. 双手乱放

站立时，必须配合规范的手位才能体现出站姿的标准与优雅。双手不可叉腰、抱胸、插口袋等，还要注意不要乱摆动，这都会给人留下不稳重的印象。

3. 脚位不当

站立时，不论是男士还是女士，一定要按规范站姿站立，切忌出现"内八字"站姿，这种姿态非常难看，还要注意站立时不要乱抖腿。

案例 2-5

她错在哪里

酒店前厅接待员小王由于今天身体不适，在服务中站姿偶尔有些放松，两腿没有并拢站立，且时而会倚靠在墙上放松一下。正巧酒店大堂经理路过，看到她的表现，主动上前询问情况，并告诉她要注意形象，得知小王身体不适，立即让小王换岗休息。

（资料来源：作者搜集整理）

点评：首先，酒店服务人员在服务中要时刻保持规范端庄的形象，在仪态上不能出现松垮、倚靠墙面、弯腰驼背、两腿分开等不雅姿态，这样会影响职业形象。其次，得知小王身体不适，立即让小王休息，是对员工的关心与爱护，体现了酒店以人为本的服务理念和人文关怀。

四、端庄大方的坐姿礼仪

坐姿是身姿体态的重要内容。作为一种姿态，它同样有美与丑、优雅与粗俗之分。端庄优美的坐姿会给人以文雅、稳重、自然大方的美感。

（一）坐姿的礼仪原则

入座时，必须注意入座的过程，也就是要懂得礼让对方，不能盲目抢座位，入座后要注意控制自己的坐姿，体现"坐如钟"的文雅与端庄。

1. 讲究礼让

如有其他人一起入座，一定要讲究入座的顺序。首先要礼让身份高的、长者、女士等先就座；其次礼让同等级别同等身份的人就座。不管何种情况，礼让对方都是基本的礼仪素养。

2. 左进左出

入座时要讲究入座的方向，不论是从左边、右边、后面入座，都必须走到座椅的左侧入座，并且离开时也要走座椅的左侧，这是在正式场合中一定要讲究的礼仪。

3. 轻稳落座

落座时，要保持身体的稳定性，轻稳地坐下，切不可重重地落座，更不能发出挪动座椅的声音。调整坐姿时，应不慌不忙，动作轻盈。

4. 坐姿端庄

坐下后，要注重坐姿的优雅与端庄，按照规范坐姿控制姿态，时刻保持淑女或绅士风范，展示出个人高雅的举止形态（图2-29、图2-30）。

5. 从容离座

告别离座时要给对方以提

 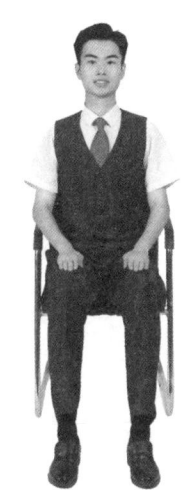

图2-29 女士规范坐姿　　图2-30 男士规范坐姿

示，轻稳站起，从容离开。不要突然站起离座，这样会显得不尊重对方，也会影响自己的形象。

（二）男女常用坐姿

1. 女士坐姿

（1）双腿斜放式。在规范坐姿的基础上，两腿并拢，将两脚同时放于左侧或右侧，两手相握放于大腿上（图2-31、图2-32）。

（2）脚踝盘住交叉式。在规范坐姿的基础上，将两脚踝盘住交叉垂直于地面。两膝盖并拢，两脚尖外展，两手相握放于大腿上（图2-33）。

图2-31　双腿左斜放式　　　图2-32　双腿右斜放式　　　图2-33　脚踝盘住交叉式

（3）斜叠式。在规范坐姿的基础上，左（右）腿斜放，右（左）腿叠放于另一腿上，两脚腕绷直，脚尖外展，两手相握放于大腿上（图2-34、图2-35）。

图2-34　左斜叠式　　　　　图2-35　右斜叠式

2. 男士坐姿

（1）开膝式。在规范坐姿的基础上，两腿分开不超过肩宽，上身挺直，两手自然放于大腿上（图 2-36）。

（2）叠放式。在规范坐姿的基础上，左（右）腿垂直于地面，右（左）腿叠放于上面，两手相握放于大腿上（图 2-37）。注意不要形成"4"字形坐姿。

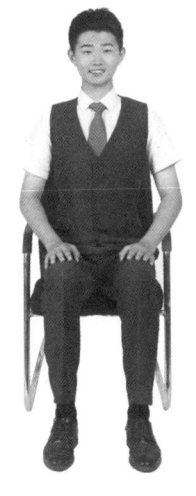
图 2-36　开膝式

图 2-37　叠放式

（三）坐姿禁忌

1. 上身松懈

在座椅上，上身要保持立腰、挺直，不要前俯后仰、东倒西歪，不可过于放松，瘫坐椅内。如上身松懈会给人一种懒散的感觉，从而影响服务人员形象。

2. 腿脚乱放

女士坐下后不可将双腿分开，男士双腿分开不可超过肩宽；不可摇晃腿部，不可将腿向远处伸直。坐下后不要脱鞋，不要跷脚将鞋底正对对方；不要把脚搭在椅子或沙发扶手上，也不要架在茶几上；不要将脚踩在其他物品上，不要跷脚或将双腿分开，不跷二郎腿。

3. 双手乱放

坐下后，双手相握放于体前，不可随意乱放，不可出现一些不雅观的小动作，如一会儿拉拉衣服、一会儿整整头发、抠抠鼻子和耳朵；也不可将双手抱于胸前或脑后；不要将肘部放在桌上托着下巴，也不要将双手夹在两腿中间。

五、潇洒自信的走姿礼仪

走姿是体现酒店服务人员动态美的一种姿势。服务中步伐轻盈，动作敏捷，给人以庄重大方之感，美的步态，能够折射出一个人良好的精神状态，反映出一种积极向上的职业风貌（图2-38）。

图2-38　规范走姿

（一）走姿中步伐要领

两只脚的内侧落地时，正确的行走线迹是一条直线，步频步幅要适中。一般来说，男士的步频为每分钟108~110步，女士的步频为每分钟118~120步，男士步幅为40厘米，女士则为30厘米左右，不宜太大。

（二）不同场合着装走姿礼仪

在酒店服务过程中，岗位不同，所着制服的风格各有不同，因此在不同的服务中走姿礼仪的要求也应不同。从酒店服务的角度来说，服务人员不同的着装都应体现出良好的精神风貌和令人赏心悦目的美感，以树立酒店良好的服务形象。

1. 着西装的走姿

穿着西装时，要挺拔，保持后背平正，两腿立直，走路的步幅可略大些，手臂放松伸直摆动，手势动作要大方、自然。站立时，要注意两腿并拢，或

两腿间距不超过肩宽。行走时男士不要晃肩,女士髋部不要左右摆动。

2. 着礼宾旗袍的走姿

服务人员着礼宾旗袍时,能反映出东方女性柔美的风韵和富有曲线的韵律美。穿旗袍时,身体要挺拔,不要塌腰撅臀,应配高跟皮鞋,走路的幅度都不宜大,以免旗袍开衩过大而显得不雅。两脚跟前后要走在一条线上,两臂在体侧摆动,幅度不宜大。总之,穿着旗袍的仪态举止要与服装样式的特点相适应,体现出柔和、含蓄、典雅的风格。

3. 穿着长裙的走姿

穿着长裙使人显得身材修长,由于长裙的下摆较大,会让人看起来飘逸洒脱。因此,服务人员在服务中步幅可稍大些,注意行走要平稳。

4. 着短裙的走姿

穿着短裙(指裙长在膝盖上下2厘米)要表现出轻盈、敏捷、活泼的特点。步幅不宜大,走路的速度可稍快些,保持酒店服务人员稳重大方的职业形象。

(三)走姿禁忌

(1)速度不匀。行走时要保持匀速,才能显得从容自然。不可步伐忽快忽慢,忽走忽停。在服务中如有急事可快步走,不能在众人面前跑步向前,除非有紧急情况。

(2)步态不稳。行走时不要大甩手,扭腰摆臀,左顾右盼,或歪肩晃膀,或弯腰驼背。走姿必须用双跨向上提的力量带动双腿,这样才能显得轻快敏捷。

(3)行姿不雅。行走时切忌走成内八字或外八字,双腿不要过于弯曲,不要上下颤动或脚蹭地面。行走时也不要用力过猛,否则会造成动作、动静过大。停步、拐弯、上下楼梯时应从容不迫,控制自如。

六、适度文雅的蹲姿礼仪

蹲姿是酒店服务和日常生活、工作中常用的一种姿态。如从地面上捡起物品或在较低的桌上摆放物品时,都需要我们蹲下来完成,但很多人对这个动作不太重视,基本是直接弯腰完成,其实这样是非常不雅的姿态,采用标准的蹲姿才是最完美的体态。

(一)蹲姿基本要领

保持规范的体态,双腿合力并支撑上身,上身保持自然挺直,臀部向下,使身体稳稳下沉,动作自然大方。

（二）服务中常用蹲姿

1. 高低式蹲姿

高低式蹲姿男士女士都适用。男士蹲下时，双腿自然分开，右（左）腿向后撤一步，上身保持垂直于地面，臀部向下自然蹲下，双手自然放于两大腿处（图2-39）。女士蹲下时，右（左）腿后撤一步，两腿紧靠一起，双手收拢一下衣服，上身保持垂直于地面自然蹲下，双手相握放于大腿处（图2-40）。

图2-39　男士高低式蹲姿　　　　图2-40　女士高低式蹲姿

2. 交叉式蹲姿

交叉式蹲姿只适用于女士。分为前交叉式和后交叉式蹲姿（图2-41）。

（1）前交叉式蹲姿：蹲下时，将右腿或左腿，交叉至左前方或右前方，两膝关节交叉并靠紧蹲下，双手收拢一下衣服，上身垂直于地面，双手相握放于大腿处。

（2）后交叉式蹲姿：蹲下时，将右腿或左腿，交叉至左后方或右后方，两膝关节交叉并靠紧蹲下，双手收拢一下衣服，上身垂直于地面，双手相握放于大腿处。

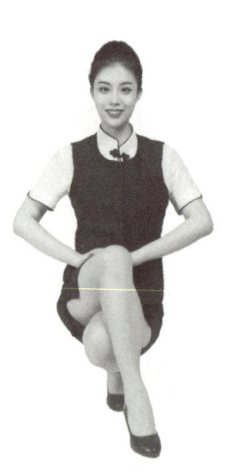

图2-41　交叉式蹲姿

（三）蹲姿禁忌

（1）切忌两腿平行打开蹲下，不管男士还是女士，这种姿态都极不雅观。

（2）男士下蹲时，切记两腿分开不要太大。

（3）女士蹲下时，要将双腿并紧。

（4）下蹲时，不要撅臀，要真正地蹲下去。

（5）下蹲时，注意内衣不要外露，时刻注意整理衣服。

七、规范标准的手势礼仪

在酒店服务中，手势礼仪是体现服务的规范与标准，也是体现尊重宾客的一种态度。如果说眼睛是一个人心灵的窗口，那么手就是人心灵触角的指向，它是除了服务语言以外，在服务中用得最多的一种传递服务信息的媒介。规范地运用手势礼仪来辅助服务语言传情达意，会使宾客对服务质量和服务水平给予高度评价与认可。

（一）酒店服务接待中常用的手势

1. 示意引领手势

可采用"侧开式"手势（图2-42）。脚站成"丁"字步，左手自然放在一侧，目视来宾，面带微笑，礼貌问候，如"您好，欢迎光临"。引领时应配上"请随我来"或"您这边请"等礼貌用语以示尊重。

2. 示意方向手势

可采用"直臂式"手势（图2-43），注意身体要侧向宾客，眼睛要兼顾所指方向，直至宾客表示清楚了，再把手臂放下。

图2-42　示意引领手势　　　　　　图2-43　示意方向手势

3. 示意地点手势

可采用"下斜式"手势（图2-44），引位员给客人拉椅子这一动作即属此式，即双手扶椅背将椅子拉出，然后一只手臂由前抬起，再以肘关节为轴，使手臂向下成一斜线，表示请来宾入座。

4. 示意讲解手势

可采用"上举式"手势（图 2-45），服务人员为客人讲解时，可根据所讲解实物的位置，采用灵活多变的手势。但必须运用好规范的手势，准确示意所讲解事物。如果滥用手势，即使讲解词再好，也会严重影响讲解员的专业能力和水平。

5. 示意多人手势

业务繁忙时，一名接待服务人员往往要面对众多宾客，此时可采用"双臂横摆式"（图 2-46），即两手从下抬起，手心朝上，同时手臂两侧摆动至身体的侧前方，上身稍前倾，微笑施礼，向来宾示意，然后退至一旁。

图 2-44　示意地点手势　　图 2-45　示意讲解手势　　图 2-46　示意多人手势

（二）不规范的手势及禁忌

1. 手势太多，动作太大

在服务中，与宾客交流时，适当手势的辅助作用主要是增加感染力，但千万不要盲目夸大动作和手势，这样会显得浮躁，失去稳重之感，给人留下不好的印象，也很难让人接受。

2. 指指点点，有失恭敬

在服务中，规范地运用手势是非常必要的。不可用拇指指自己，或用手指指点宾客或示意。用手指指人，或指指点点，含有教训、轻视别人的意思，是极不礼貌的行为。

3. 不雅动作，有失文雅

在服务中和酒店接待中，一定要避免不雅手势和动作，如掏鼻孔、剔牙、搔痒、拔胡须或鼻毛等，这样会显得不讲卫生、不精致。谈到自己时，不要用拇指示意自己或用手掌轻拍自己的胸部。

4. 盲目使用手势，会有失素养

在服务中运用手势时，一定要考虑到地域的差别，同一种手势在不同国家、不同的地区可能会有不同的含义，切忌乱用，以防造成不良后果。

八、训练与实操

（一）微笑礼仪训练

1. 训练目的

通过训练，微笑时会更加自然，更能充分表达出对他人的热情、真诚与友好，使对方感受到尊重与温暖。同时通过微笑训练，酒店服务人员会习惯微笑，善于微笑，并且也能够自觉控制不良情绪，真正培养起规范有礼的职业能力与职业素养。

2. 微笑规范

（1）口、眼结合，露出 6~8 颗牙齿，两嘴角上扬，目光柔和（图 2-47）。

图 2-47　微笑的标准

（2）笑与神、情、气质相结合。微笑时要精神饱满，热情甜美，稳重大方。

（3）笑与语言相结合。微笑时配合礼貌用语，语言甜美动听，起到声情并茂的作用。

（4）笑与举止相结合。微笑时要保持端庄规范的姿态，一举一动要显得彬彬有礼,不失稳重之感。

(5)微笑要发自内心。微笑要真诚,不可应付、虚假和生硬,要从内心真正树立微笑的服务意识。

(6)微笑要始终如一。在服务他人时,要学会保持自然微笑,不要把不良情绪带到工作中,从而影响服务质量。

3.训练方法

每一项训练都可以在舒缓的轻音乐中进行,音乐能够营造出轻松自然、唯美陶醉的美好氛围,从而使微笑展示更加自然、真诚和美好,使微笑训练达到最完美的效果。

(1)咬筷子训练法。面对镜子,用门牙轻轻咬住筷子;两嘴角上扬,不要接触到筷子;下唇自然地和筷子接触;上唇不能接触到筷子,露出上面的6~8颗牙齿。切记不可用后面的大牙咬筷子,那样就会形成向外咧嘴的不当表情,是不符合礼仪要求的。同时要做到心情轻松、美好,目光柔和地注视自己(图2-48)。

图2-48 咬筷子训练

(2)想象力训练法。训练时,想象最美好的画面、事情、人物等,使自己心情舒畅、放松,从而显示出外在的甜美和愉悦。

(3)自信力训练。训练时,要在内心树立"我是最自信的""我是最完美的""我是最好的"信念,克服不自信的心理障碍,使自己形成不论外在条件怎样,但内心是充满自信的思想,从而敢于表现自己,把最美好的微笑展示出来。

(4)借助字音口型训练。在训练中,借助特殊的字音和口型,形成微笑时的标准口型,如"一""钱""喜""茄子"等,默念这些字时形成的口型正是微笑的最佳口型（图 2-49）。

图 2-49　微笑训练

（二）目光礼仪训练

1. 训练目的

通过训练，使目光热情、柔和，具有亲和力。"眼睛是心灵的窗户"，透过一个人的目光就能看到一个人内心真实的情感和想法，无论是喜怒哀乐，都能够从目光里投射出来。因此，从礼仪的角度必须使目光传递出一种发自内心的真诚与热情。

2. 规范要求

（1）目光亲切，具有柔和之感。

（2）目光真诚，具有友好之感。

（3）目光自然，具有轻松之感。

3. 训练方法

（1）个人训练说"您好"。面对镜子，注视自己的双眼，保持微笑，用眼睛说"您好"（图 2-50）。

（2）两人训练"您好"。两人面对面站立，注视对方的面部，保持微笑，从心里问候"您好"，并用眼神传递给对方（图 2-51）。

图 2-50　个人训练

图 2-51 两人训练

（3）模拟训练。设定动态场景，在行进中模拟用目光问候"您好"。目光传递真诚、问候与友善。

（三）站姿礼仪训练

1. 训练目的

旅游服务人员必须经过严格的站姿训练。因为站姿是服务中最基本的服务仪态（图2-52）。通过训练，能掌握规范的站姿要求，自觉养成挺拔优雅的姿态，树立酒店服务人员自身良好的形象、气质和风度。

2. 规范要求

（1）脚跟并拢，两腿夹紧，脚尖外展45~60度。

（2）头部保持正直，双眼平视前方，表情自然放松。

（3）两肩要平且放松，手臂自然下垂放于体侧或两手相握放于体前。

（4）挺胸、收腹、立腰、夹臀。

3. 训练方法

图 2-52 规范站姿

训练时，播放轻松愉快的轻音乐，在舒心的音乐氛围中，人能感受到畅意，从而使站姿更加自然。

（1）靠墙站立训练。背靠平面墙站立，脚后跟、小腿、双肩、后脑勺都要紧贴墙壁，即四点成一线。当离开墙面时同样保持住靠墙站的感觉，不要让身体松懈。同时做到心情放松，面带微笑，充分展示出从容自然、情绪饱满的精神面貌（图2-53）。

（2）两膝夹纸训练。面对镜子，在保持规范站姿要求的基础上，脚跟并拢，两腿夹紧，脚尖外展。两膝之间放一张纸，两腿夹紧不要让纸掉下来，目光平视，面带微笑。这种方法主要是训练腿部肌肉收紧和身体的挺拔感，使整个人体现出饱满的精神状态（图2-54）。

图2-53 靠墙站立训练

图2-54 两膝夹纸训练

（3）头顶书训练。面对镜子，在保持站姿规范要求的基础上，把书放在头上，不要让书滑动或掉下来，目光平视，面带微笑，一定保持身体的稳定性，不可放松身体。这种训练方法可与咬筷子、两膝夹纸、微笑训练法相结合，训练效果更佳（图2-55、图2-56）。

图2-55 头顶书训练

图2-56　咬筷子、头顶书、两膝夹纸训练

4. 常用站姿训练

女士训练"V"字步握手式和"丁"字步握手式；男士训练握手并腿式和背手开立式。

（四）坐姿礼仪训练

拓展视频2-1：
站姿变换训练

1. 训练目的

坐姿能展现一个人的文雅与含蓄。通过规范的坐姿训练，酒店服务人员能掌握标准坐姿，展示训练有素的礼仪水准，提升酒店行业服务形象。

2. 规范要求

（1）入座时，从左侧走到座位前，右脚向后撤半步，上身保持正直轻稳入座。着裙装的女士入座时还应将裙子下摆稍微收拢一下。

（2）坐下后，两腿并拢，两脚靠紧，小腿垂直于地面，大小腿折叠约90度，两手相握放于大腿上。

（3）坐下后，上体应自然挺直，背部呈一平面，身体重心垂直向下。

（4）座椅不要坐满，根据座椅大小决定坐多少，一般最多不超过座椅的2/3，最少不少于座椅的1/3，不要将身体靠在椅背上。

（5）起立时，右脚向后收半步，自然站起，然后两腿并拢站好。

3. 训练方法

（1）头顶书训练。为了保持体态的稳重与端庄，在规范站姿的基础上，把书放在头上，使上身保持挺拔向上坐下或站起。上身不能前倾也不能低头，那样会显得坐姿非常松懈和懒散（图2-57）。

（2）情景模拟训练。可以设定一定的接待场景，两人或三人一组，模拟规范坐姿。这种训练能使人在自然地与人交流中体现最真实的坐姿，能纠正不规范动作,使服务人员养成良好的坐姿习惯(图2-58)。

图2-57 头顶书坐姿训练　　　　图2-58 坐姿情景模拟训练

4. 常用坐姿训练

训练女士双腿斜放式、脚踝盘住交叉式和斜叠式坐姿;男士开膝式和叠放式坐姿。

(五)走姿礼仪训练

1. 训练目的

走姿是酒店服务中最常用的姿态。规范的走姿训练可纠正酒店服务人员生活中不文雅的姿态,使其在行走中体现出自信优美的步态,展现酒店工作者良好的精神风貌和良好的职业标准。

2. 规范要求

(1)在保持规范站姿的基础上,重心略微前倾。

(2)两臂自然前后摆动。摆动时以肩关节为轴,上臂带动前臂,手臂向前、向后自然摆动,摆幅以30~35度为宜,肘关节略弯曲,前摆不要向上甩动。

(3)两只脚的内侧落地时,正确的行走轨迹是一条直线。

3. 训练方法

每一项训练都可以在与训练内容相应的音乐中进行,音乐能够营造出轻松自然、节奏鲜明的感觉,使训练达到最完美的效果。

(1)头顶书训练。在保持规范站姿的基础上,把书放在头上,面带微笑,目视前方,进行走姿平衡训练,这样能使身体保持一定的稳定性,行走时体现出稳重大方、文雅之感(图2-59)。

拓展视频2-2:
女生坐姿训练

拓展视频2-3:
男生坐姿训练

图 2-59 头顶书训练

（2）模特台步训练。在保持规范站姿的基础上，采取模特台步的训练方法，主要训练行走中停步亮相、停步转身时体态动作的美感，使在行走过程中的停步、转身、目光、微笑等每一个动作都展示出优美和自信。

（3）分组展示与个人展示。走姿训练最能训练一个人的气质和风度，只有敢于表现自己才能体现出自信。因此，走姿训练环节必须采取不同的训练方法，训练自信心和表现力，克服害羞、不大胆、不大方的走姿。

（六）蹲姿礼仪训练

1. 训练目的

通过蹲姿训练，酒店服务人员掌握蹲姿的应用与规范标准，在服务中体现文雅大方的体态。

2. 规范要求

（1）女士保持规范站姿，右脚往后撤半步（或交叉），自然下蹲。下蹲时，双腿始终并拢靠紧，不可分开，上身保持直立，面部表情自然（图2-60）。

（2）男士保持规范站姿，右脚往后撤半步，自然下蹲。下蹲时，双腿自然分开，宽度不要超过肩宽，上身保持直立，面部表情自然（图2-61）。

3. 训练方法

（1）头顶书训练。在保持规范站姿的基础上，头顶书站好，保持上身的笔直挺拔，屈腿下蹲或站起。这种方式可训练身体的平衡与稳定性（图2-62）。

图 2-60　女士蹲姿训练　　图 2-61　男士蹲姿训练　　图 2-62　头顶书蹲姿训练

（2）情景模拟训练。可以设定一定的场景，如从地面上捡起物品，或在贵宾室模拟往茶几上摆放果盘或者文件，记住不能用弯腰的动作，可用规范的蹲姿操作。通过这种训练，服务人员能在真实的环境中找到自然运用的感觉，从而养成注重形象的习惯，达到动作得体文雅，不失形象的效果（图 2-63）。

图 2-63　蹲姿情景模拟训练

4. 常用蹲姿训练

训练高低式蹲姿和交叉式蹲姿。

（七）手势礼仪训练

1. 训练目的

手势在酒店服务或在生活中，都是常用的动作。通过规范训练，服务人员能灵活自如地运用手势，体现自己的谦恭和对他人的尊重。

2.规范要求

（1）保持规范站姿，四指并拢，掌心向上，大拇指张开，以肘关节为轴、前臂自然上抬伸直，以示尊重（图2-64）。

图2-64　规范手势训练

（2）指示方向时上体稍向前倾，面带微笑，视线始终随手指的方向移动，并兼顾对方是否注意到目标。

（3）与人打招呼、致意、欢呼、告别时，要注意尽量将手伸开，要根据场合，控制手势的力度大小、速度快慢及时间的长短。

3.训练方法

（1）分解训练。面对镜子，身体略前倾完成动作。可正对镜子、侧对镜子反复练习，从不同的角度训练体态和动作的规范性。

（2）情景模拟训练。根据不同的手势，设定一定的模拟场景，如指示方向、请坐、引领等。通过这种训练，掌握不同手势的应用标准，改正不规范的姿态，灵活掌握各种手势的真实应用，从而养成注重礼仪、注重形象的好习惯（图2-65）。

图2-65　手势礼仪模拟训练

4. 常用手势礼仪训练

训练示意引领手势、示意方向手势、示意地点手势、示意讲解手势和示意多人手势。

5. 训练时注意事项

训练时一定要严格控制手势的规范程度，应用场合不同就应使用不同高度的手势，高度能够表达对他人的尊重程度（图 2-66）。

图 2-66 手势的高度训练

思政园地

职业形象彰显职业精神

职业形象反映出一个人的个性、习惯和爱好，向人们传递着一种"非语言信息"。它与一个人的文化涵养、道德修养、文化水平、审美情趣等有着密切的关系，是酒店服务人员在生活和工作中一个不可忽视的重要因素。良好的职业形象同样也代表着时代的进步、观念的更新，是民族礼仪文化的重要标志。

对于酒店而言，良好的形象能反映其规范的服务标准和严格的管理水平。热情周到的服务态度，规范有礼的接待程序，服务人员美好得体的工装搭配和积极向上的工作热情，以及服务人员的品德修养和责任担当意识，都可树立酒店良好的公众形象。

思考与练习

一、单项选择题

1. 男士出席正式场合,深色西装应搭配( )袜子。
   A. 棕色　　　　B. 咖色　　　　C. 黑色　　　　D. 米色
2. 微笑时目光平视前方,充满热情与真诚,应露出几颗牙齿?( )
   A. 6颗牙齿　　B. 8颗牙齿　　C. 10颗牙　　　D. 6~8颗牙齿

二、多项选择题

1. 着装的色彩搭配原则包括( )。
   A. 同类色原则　　B. 近似色原则　　C. 强烈色搭配　　D. 互补色搭配
2. 仪表,是指一个人的外表,具体体现在( )。
   A. 身材　　　　B. 发型　　　　C. 服饰　　　　D. 姿态
3. TOP原则是指( )。
   A. T(time),与时间相适应　　　　B. O(occasion),与场合相适应
   C. P(place),与地点相适应　　　　D. P(patner),与伙伴相适应
4. 眼睛是心灵的窗户,在为宾客服务时,服务人员的目光不应注视对方的什么部位?( )
   A. 面部　　　　B. 胸部　　　　C. 腹部　　　　D. 臀部
   E. 头顶
5. 服装搭配中,我们应遵循哪些基本原则呢?( )
   A. 色彩搭配原则　　　　　　B. 整体协调性原则
   C. 整洁性原则　　　　　　　D. 美观性原则

三、简答题

1. 仪表美的三层含义指的是什么?
2. 化妆究竟会给职业形象带来怎样的影响?
3. 不同场合的化妆要求是什么?
4. 微笑的内涵有哪些?
5. 请谈谈你对微笑服务的理解。

四、案例分析题

十一次微笑

上星期,我和老板一起坐飞机到上海出差,飞机起飞前,老板肚子有点儿不舒服,于是请求空姐倒杯水给他吃药。空姐听后,微笑着说:"先生,为

了您的安全,请稍等片刻,等飞机进入平稳飞行状态后,我马上给您送水过来,好吗?"

十分钟过去了,飞机早已进入平稳飞行状态,可是老板要的那杯水却迟迟没有送来,老板第二次看手表后按响了乘客服务铃。顿时,机舱里响起了急促的铃声。很快空姐就端着水进入了客舱,十分小心地把水送到老板面前,微笑着说:"先生,实在对不起,由于我的工作疏忽,延误了您吃药的时间,对此我感到非常抱歉。"老板没有等空姐说完就指着手表毫不客气地说:"你怎么回事?你看看,现在都过去多久了?有你这样服务的吗?""先生,实在对不起,由于工作太忙,忘记给您倒水,听到铃声我就第一时间给您送水过来了……"不管空姐怎么解释,老板都不肯原谅空姐工作的疏忽。

接下来的飞行途中,或许空姐为了补偿自己工作的疏忽和过失,每次给乘客服务,只要一到客舱,就会来到老板面前,微笑着礼貌地询问老板是否需要水或者其他的帮助。然而,老板余怒未消,每次都不理她,只是两眼盯着空姐。这样的情形先后有八次,我都看在眼里,真替空姐捏一把汗。

老板对我说他要投诉空姐。快到上海了,当空姐又一次来到老板面前,微笑着询问是否需要什么帮助时,老板没有理她,而是叫空姐把乘客留言册送过来。很明显,空姐知道老板要投诉自己,却不失职业道德,依然面带微笑礼貌地对老板说:"先生,对不起,请您允许我再一次向您表示真诚的歉意,无论您提出什么意见,我都会欣然接受,也欢迎您批评指正!"老板欲言又止,打开留言册开始写了起来。我没有说话,在一旁静观情况。

飞机顺利落地上海机场,乘客陆续离开机舱。坐在车上我想,当空姐忐忑不安地打开留言册时,她一定十分惊喜。她怎么也不会想到摆在她面前的并不是投诉信,而是一封写得热情洋溢的表扬信。

老板在信中有这么一句话:"是什么让我最终放弃了投诉呢?是你热情的服务方式,是你表现出来的真诚的歉意,特别是你前后多达11次的温馨的微笑,深深地感动了我。你们的服务质量非常高,我十分满意,以后有机会我还要乘坐你们这趟班机!"

试分析老板为什么没有投诉?作为酒店服务人员应从中得到什么启发?

五、实操训练

1. 按照男女士着装规范,从上至下,对镜整理自己的着装,发现有什么不得体之处。

2. 微笑的要求是什么?并展示热情的微笑。

3. 站姿的规范标准是什么?并展示礼仪站姿。

4. 坐姿的规范标准是什么?并展示礼仪坐姿。

5. 走姿的规范标准是什么？并展示礼仪走姿。
6. 蹲姿的规范标准是什么？并展示礼仪蹲姿。
7. 手势的规范标准是什么？并展示礼仪手势。

参考答案

3 项目三
酒店服务人员服务与交往礼仪

 项目导读

　　服务与交往礼仪是酒店服务人员为了表达愿望、交流感情、沟通交际和解决各种问题而使用的媒介和工具。本项目按照酒店接待与服务客人时所涉及的工作内容来编写，主要包括酒店服务人员以尊重、友好的方式待人接物的习惯做法，以及接待宾客时需要遵守的行为规范和准则。酒店服务人员与宾客之间的交往常常对宾客能否产生轻松愉快的心情和收获美好的体验起着决定性作用。

　　与宾客的有效沟通和交流是对酒店服务人员的要求，是建立良好服务的基础。本项目是酒店服务礼仪的重要组成部分，是员工服务意识、服务态度和责任感的具体体现。

学习目标

1. 了解酒店服务人员的服务用语、日常与客交往礼仪规范，重点是酒店服务礼貌用语和与客交往中的握手礼、鞠躬礼、致意礼、乘坐电梯礼仪等日常交往礼仪常识及相关的规范应用与实操训练。

2. 熟悉电话礼仪、微信礼仪，以便应对不同职场交往对象的业务需求，增强人际交往中的沟通能力。

3. 掌握和运用服务语言知识和应用技巧，会使用正确的交际用语，提高语言修养。

思维导图

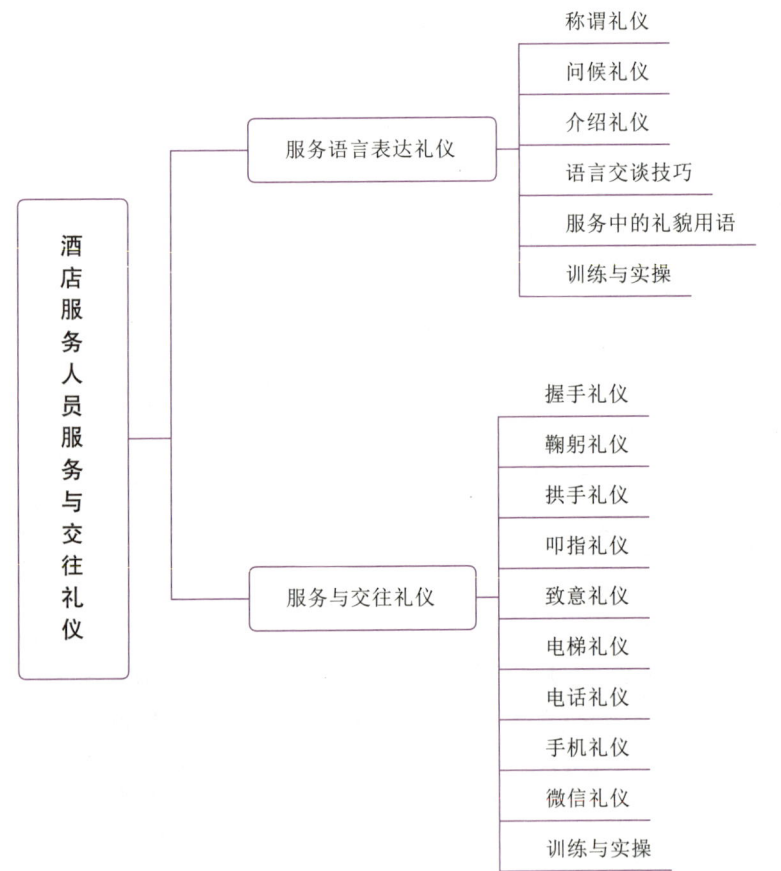

项目三 酒店服务人员服务与交往礼仪

任务一 服务语言表达礼仪

语言不仅是一种口头表达的艺术,更是一种心灵沟通的艺术。酒店服务人员需要通过言语交际向客人传达心中的友好与敬意、介绍服务项目、了解客人的实际需要。在服务过程中,语言运用适当、得体、清晰、悦耳,就会使客人有愉快、亲切之感,从而对服务人员产生相应的好感;反之,生硬、无礼、刺耳的语言会使客人难以接受,给客人留下不好的印象,甚至会遭到客人投诉,从而影响酒店的声誉。因此,良好的服务语言表达能力是酒店服务人员优秀职业素养的体现,是保证酒店服务质量的基础所在,也是酒店赢得客源的重要因素。

一、称谓礼仪

在酒店工作中,主动热情地称呼客人是一种服务艺术。正确、恰当地称呼客人,是客我双方建立良好关系的开端,是对客服务活动中的一种基本礼貌,既反映着服务人员自身良好的教养及对对方的尊重,还体现了优良社会风尚。

微课 3-1:
称谓礼仪

目前许多国内著名的酒店规定:在为客人办理入住登记时至少要称呼客人名字三次。酒店服务人员要熟记 VIP 的名字,尽可能多地了解他们的资料,争取在他们来店自报家门之前就用姓氏加尊称来称呼他们,让客人有宾至如归之感。

(一)称谓的注意事项

在酒店服务中,称呼应当规范、得体,以表示对称呼对象的尊重和友好。

称呼客人看似很简单,却需要用心。称谓要表现尊重、亲切和文雅,正确地掌握和运用称谓,是服务宾客不可缺少的礼仪因素。

称呼对方务必注意以下三点。

1. 合乎常规、入乡随俗

称呼要合乎常规,要照顾被称呼者的个人习惯,如教育界和演艺界人士喜欢互称"老师"。称呼别人之前,可以先听听他人是怎么称呼的,如果对方明确说不要叫他什么,则一定不要这样称呼,否则很容易引起他人的不快。

"百里不同风,千里不同俗",每个地区都有合乎自己习俗的尊称。有些称呼具有一定的地域性特征,如"爱人""对象""师傅"等,具有很强的

81

地域性。一旦对其不分对象地滥用，往往会引起误会。比如，烟台人喜欢称"伙计"，但南方人认为伙计是打工仔；中国人喜欢把配偶称为"爱人"，而在外国人的意识里，爱人是第三者的意思。

2. 符合身份

有些称呼在服务工作中不适合使用，如"兄弟""哥们儿""姐们儿"等称呼，虽然听起来亲切，却显得不够尊重。

3. 称呼的五个禁忌

我们在使用称呼时，一定要避免以下几种失敬的做法。

（1）错误的称呼。常见的错误称呼无非就是误读或是误会。误读也就是念错姓名。如"贠""郇""查""盖"等姓氏就极易读错。为了避免这种情况发生，对于不认识的字，事先要有所准备。如果是临时遇到，就要虚心请教："请问您贵姓？"在遇到多位宾客时，切忌将姓氏张冠李戴。误会主要是对被称呼对象的年纪、辈分、婚否及与其他人的关系作出了错误判断。

（2）使用不通用的称呼。有些称呼具有一定的地域性，比如山东人喜欢称呼"老师"，但南方人听来"老师"是行业称呼，会感到很奇怪。

（3）简化性称呼。在酒店服务工作中，不少称呼不宜随意简化。例如，把"李局长""张处长"称为"李局""王处"，就显得既不正规，又不礼貌。

（4）使用随意的称呼。酒店服务人员称呼宾客应有分寸，哪怕和常客相处，也不能使用随意及格调不高的称呼。有些网络用语，如"宝""亲"均不适合在服务岗位上使用，以免引起客人的反感。

（5）无称呼。在需要称呼宾客时，一定要有适当的称呼。若是根本不用任何称呼，或者代之以"喂""嘿""下一个""那边的"及具体代码如"6号桌"，都是极不礼貌的。

（二）不同称谓礼仪

常用的对客称呼要用尊称，一般包括下述七种类型。

1. 性别称呼

也被称为泛尊称，在不了解对方的具体身份和姓氏时，一般约定俗成地按性别的不同，称呼"女士"或"先生"。一般从社交礼仪来讲，对未婚女性的称呼应为"姓＋小姐"或"姓＋女士"。对已婚女性或年长女性称呼为"姓＋女士"。"姓＋女士"可用于任何正式场合的任何女性。切忌单独称呼宾客"小姐"，许多女性不喜欢"小姐"这个称谓。

2. 职务称呼

以客人的职务相称，以示身份有别、敬意有加，这是一种最常见的称呼。职务称呼通常有三种情况：称职务、在职务前加上姓氏、在职务前加上姓名

（适用于极其正式的场合）。

3. 行业称呼

对于从事某些特定行业的人，可直接称呼对方的职业，如老师、医生、会计、律师等，可以统称教员为"老师"，称医生为"大夫"，称警察为"警官"等。也可以在行业称呼前加上姓氏、姓名。

4. 职称称呼

对于具有职称者，尤其是具有高级职称者，可在服务工作中直接以其职称相称。称职称时可以只称职称，还可以在职称前加上姓氏，或在职称前加上姓名（适用于极其正式的场合）。

5. 学衔称呼

以宾客的学术学位相称，如张博士、王院士，此称呼既可增强现场的学术气氛，又可增加宾客的权威感。

6. 亲属称呼

亲属称呼让人有温暖亲切之感，通常用于家庭成员间，如"大哥""姐姐"等。有时客人率先表达出对服务人员的怜爱，例如年长的客人对年轻的服务人员说："你和我孙女差不多大"，这时，服务人员也可称呼年长的客人为"爷爷"或"奶奶"。亲属称呼亦可用于同事之间，这由酒店的企业文化来决定。

7. 代词称呼

就是用"您""你"字称呼对方的方法。为表示尊重对方，应使用"您"字称呼。"您"属尊称，"你"属泛称，服务语言要求用"您"，如"您好""请问您贵姓"。

（三）国际交往称谓礼仪

酒店服务外宾时，使用称呼要注意礼貌用语，一是要掌握一般性规律，即国际上通行的做法；二是要留心国别差异，加以区分对待。在对外交往中，称呼方面的普遍性规律主要有以下几方面。

1. 一般性规律

对成年人，一般将男性称为先生，将女性称为小姐、夫人或女士。

对于女子，已婚者应称"夫人"，戴结婚戒指者也可称为夫人。对未婚者及不了解其婚否者，可称之为"小姐"。对不了解其婚否者，亦可称为"女士"。上述称呼，均可冠以姓名、职务、职称、学衔或军衔，如"史密斯先生""艾丽丝小姐""市长先生""少校先生"等。

2. 政务人士的称呼

一是称其职务，二是对地位较高者称"阁下"。在称呼职务或"阁下"

时，还可加上"先生"这一称呼。其组成顺序为：先职务，次"先生"，最后"阁下"，或职务在先，"先生"在后，如"总统先生阁下""大使阁下"或"市长先生"等。在美国、德国、墨西哥等国家，没有称"阁下"的习惯。

3. 军界人士的称呼

对军界人士，可以其军衔相称。称军衔不称职务，是国外对军界人士称呼最通用的做法。具体有四种称呼方法：一是只称军衔，如"将军""上校""下士"；二是军衔之后加上"先生"，如"上尉先生""少校先生"；三是先姓名后军衔，如"朱可夫元帅""巴顿将军"；四是先姓名、次军衔、后"先生"，如"布莱尔上校先生""福斯特下士先生"。

4. 君主制国家的王公贵族的称呼

对君主制国家的王公贵族，称呼上应尊重对方习惯。

对国王、皇后，通常应称"陛下"。对王子、公主、亲王等，应称之为"殿下"。对有封号、爵位者，则应以其封号、爵位相称，如"爵士""勋爵""公爵""大公"等。有时，还可在国王、皇后、王子、公主、亲王等头衔之前加上姓名，如"查尔斯三世国王""安妮公主"等。对有爵位者，可称"阁下"，也可称"先生"。

5. 社会主义国家或兄弟党的人士称呼

对社会主义国家或兄弟党的人士，可称其为"同志"。除此之外，对方若称我方为"同志"，我方即可对对方以"同志"相称。

二、问候礼仪

（一）问候讲究次序

一对一的问候次序。一对一，即两人之间的问候，通常是"位低者先问候"，即身份较低者或年轻者首先问候身份较高者或年长者。在酒店服务中，我们应主动向宾客问候。

一对多的问候。如果同时遇到多位宾客，这时既可以笼统地加以问候，比如"大家好"，也可以逐个加以问候。当一个人逐一问候多人时，既可以由"尊"而"卑"、由"长"而"幼"地依次而行，也可以由"近"而"远"依次而行。即先问候身份高者，再问候身份低者，先问候与本人距离近者，再依次问候其他人。

（二）问候注意态度

问候是友好、尊重之情的一种表达，当客人进入服务视线时，为使客人有宾至如归的感觉，服务人员应主动热情地向客人问候，打招呼。问候时一

定要投入感情，让客人真正感受到你的真诚和恭敬之意，而不是表面上做做样子，态度上需要注意下述四点。

1. 主动

问候时，要积极、主动。酒店服务行业有一个公认的"3米原则"，即在宾客离自己3米远的时候就可以和顾客打招呼了。问候往往和鞠躬礼、目光语、微笑语结合在一起。对于距离远的客人，微笑着目光注视即可。同样，当别人首先问候自己时，也要立即予以回应。

2. 热情

问候时，要表现得热情、友好、真诚。毫无表情或者表情冷漠的问候不如不问候。

3. 大方

问候时，必须表现得大方、主动、热情，显示出酒店服务人员的专业性。含羞带怯、矫揉造作、神态夸张，或者扭扭捏捏，反而会给人留下虚情假意的不良印象。

4. 专注

问候时，眼神要专注，心态要平和，同时行微笑、欠身礼，以双目注视对方的两眼，以示口到、眼到、意到，专心致志。不要在问候对方的时候眼睛看别处，那样会让对方不知所措。

（三）问候重视内容

问候语使用得当，能拉近双方的距离，使客人感到舒心、温暖，为服务工作打下良好的感情基础。

常用的问候语有两种，分别适用于不同场合。

1. 直接式

所谓直接式问候，就是直接以问好作为问候的主要内容。它适用于与客人初次接触的工作场合，还可分为标准式问候语和时效式问候语，例如，标准式问候语"您好""各位好""诸位女士好"等，时效式问候语"早上好""晚上好"等。

问候要注意结合实际，不能总是"先生，您好"。例如，过年、过节时如果向客人说一声"先生，过年好""新年快乐""节日快乐"，就强化了节日的气氛。在客人再次光临时，要用问候语表示自己仍记得对方，让对方感知被重视、被尊重。具体做法是在欢迎用语前面加上对方的尊称，或加上其他专用词，如"张总，欢迎您的光临""赵女士，您好！我们又见面了""欢迎您再次光临本店"等。

2. 间接式

所谓间接式问候，就是使用某些约定俗成的问候语，或者在当时条件下可以引起的话题，主要适用于非正式场合、熟人之间，但内容最好局限在职业范围内，如"李先生，很高兴见到您。外面冷吧，赶紧里面请！李先生对我们酒店的环境还满意吗？"如果短时间内多次遇到同一位客人，不能总是以"您好"问候，此举会让客人认为你对他熟视无睹。因此，问候语也要灵活掌握，根据实际情况改用其他寒暄语来替代直接式问候。用心做细节，总会有让客人满意、惊喜的效果。

案例 3-1

记住你的客人

3月5日，×××公司李先生第三次入住某城市的一家星级酒店。在前台入住登记时，接待员小张认出李先生是不久前入住过的客人，便迅速从电脑中找出李先生的资料，像老朋友一样称呼李先生，并欢迎他的再次光临，还主动给予了常住客优惠、快速办理了入住手续，这让李先生感到非常惊喜。

次日一早，李先生约了几个朋友在大堂咖啡厅吃自助餐，餐厅服务员小张记得李先生来吃过早餐，并从其朋友称呼间知道他姓李，结账时便直接称呼李总，再次让李先生感到惊喜。

李先生回到房间又一次发现客房服务员小刘为他精心准备了自己喜欢的绿茶，并留下温馨提示且欢迎他的再次光临，让李先生再一次感到惊喜。酒店的服务链条连接是如此娴熟，李先生感到了多次惊喜。他在临走时特意打电话给客房部，表达了他对酒店的万分满意，并留下了一封热情洋溢的表扬信，对酒店人性化的服务管理大加赞誉，信中写道：

"多年来本人一直是这座城市的常客，几乎每月都来几次，此前一直入住另一家酒店，由于偶然原因，从去年8月底至今三次入住贵店，越来越感到贵店各方面的管理及服务远超我住过的其他酒店。从而使我每次来到这座城市都要入住贵店……"

（资料来源：山东潍坊莺飞大酒店）

点评：星级酒店在服务过程中给客人受重视、被尊重的感觉是非常重要的一点。宾客入住资料和服务链条是重要的服务辅助工具，而员工的细心观察和用心记忆亦非常重要。酒店要重视细微服务，在服务中应注意"记住你的客人"，同时加强服务人员观察和倾听的能力，服务中尽量以客人的姓氏尊称客人,以示尊重。

本案中,顾客李先生一次又一次被感动,实际上并没有什么震撼人心的事迹,皆因酒店服务人员记得他、认得他从而使他感受到酒店对他的尊重和关心。一个称呼、一声问候,这些细节经常容易被人忽略,如果做不到的话大部分客人也不会很介意,但如果你做到了,就会让客人非常感动,会给客人留下深刻的美好印象,从而给酒店带来回头客。

三、介绍礼仪

(一)自我介绍

自我介绍是最重要的一种介绍方式,即把自己介绍给其他人,以使对方认识自己。自我介绍的基本程序是先向对方问好、致意,得到回应后再向对方介绍自己的姓名、身份,自我介绍总的原则是简明扼要,一般以半分钟为宜,掌握自我介绍的语言艺术,应注意以下3个方面的问题。

(1)根据不同社交目的,注意介绍的繁简。自我介绍一般包括姓名、籍贯、职业、职务、工作单位或住址、毕业学校、经历、特长或兴趣等。自我介绍时应根据实际需要来决定介绍的繁简程度,不一定要把上述内容逐一说出。在客人或尊者面前,语气应谦恭;在平辈和同事面前,语气应明快。

(2)镇定而充满自信、清晰地报出自己的姓名、身份,并善于使用体态语言,表达自己的真诚、友善、关怀和意愿。如果做自我介绍时声音太小,含糊其词,含羞带怯,会使人感到你不够专业,难以对你产生信任感,因而也会影响彼此的进一步沟通。例如,当客人走进酒店大厅时,管家以热情的微笑问候客人并做自我介绍:"早上/下午/晚上好,张先生,欢迎来×××大酒店。我是您的管家李梅,很荣幸为您服务。请让我带您去您的房间。"或"张先生,您好,我是您的管家李梅。我来送您的咖啡,可以占用您几分钟时间为您介绍一下房间的设备吗?"

(3)自我评价要掌握分寸。自我评价应实事求是,评价一般要留有余地,不宜用"很""第一"等表示极端赞颂的词,同时也不必有意贬低自己。

(二)为他人介绍

为他人介绍,即为彼此不相识的双方引荐介绍的一种介绍方式。一般情况下,依次对双方进行介绍。有些情况下,也可只将被介绍者中的一方向另一方介绍。但前提是前者已知道、了解后者的身份,而后者不了解前者。

(1)在向他人介绍时,介绍者应熟悉双方身份,了解对方是否有结识的愿望。最好不要向一位有身份的人介绍他不愿认识的人。

（2）注意介绍次序。遵循"尊者优先了解情况"的原则，把年轻者、身份地位低者介绍给年长者、身份高者；先把年轻的、职务相当的男士介绍给女士；先把年龄低、未婚者介绍给已婚者；先把客人介绍给主人，把晚到者介绍给早到者；如果是业务介绍，必须先提到组织名称、个人职衔等。

（3）为他人作介绍时，应多使用敬语、雅语。在较正式的场合，介绍词也应郑重，一般用"张先生，请允许我向您介绍……"的方式。在不十分正式的场合可随便些，可用"让我介绍一下"或"我来介绍一下""这位是……"的句式。介绍时要清晰地报出对方的姓名、身份及得体称谓，还可用一些赞美词来介绍对方。

（4）为人介绍时注意手势和表情。用正规手势指向对方的胸以上肩以下部位，动作不得随意。被介绍时，微笑、目视对方。除年长者或位尊者外，被介绍的双方最好站起来点头致意或握手致意，同时应说"您好，认识您很高兴"或"很荣幸能认识您"等得体的礼貌语言（图3-1）。

图3-1　介绍礼仪

（三）集体介绍

（1）将一人介绍给集体。此种情况多见于将身份高者介绍给众人，如将部门新人、会议主持人介绍给大家等。

（2）将众人介绍给一人。如领导视察某部门，需认识该部门全体负责人员时，其介绍常用的方法是按照座次由近及远，或按照身份自高而低。

（3）集体对集体的介绍方法。将主方介绍给客方；将人数少的一方介绍给人数多的一方；各方人数都多，就不必一一介绍了，只说明双方概况即可。

四、语言交谈技巧

(一)交谈的技巧

作为酒店服务人员,与客人的交谈仅仅达到清楚、准确传递信息是远远不够的,还必须通过自己的语言表达,与客人沟通情感,使客人感受到被重视、被理解、被尊重的心理满足,得到客人的赞赏和积极的回应,让客人产生轻松愉快的心情,对酒店留下美好的回忆,从而实现优质服务的最终目的。

1. 态度谦恭,诚恳亲切

交谈的态度是决定谈话成功与否的重要因素,而态度又取决于对角色的正确认知。来酒店消费的客人既需要功能性消费,也需要心理满足,一些客人比较要面子。因此交谈中要给客人留下不卑不亢、真诚谦恭的感觉。对他人应多用敬语,对自己则应多用谦语,还要多使用软垫式言辞,也就是在乎对方感受、引导对方的言辞。

"言为心声",有善心才有善言,只有我们热爱本职工作,善解人意,设身处地为宾客着想,服务态度才能诚恳。学会将心比心,换位思考,用同理心原则说出来的话才更加悦耳。

2. 表达精确,通俗易懂

交谈时尽可能用标准普通话,或对方听得懂的语言(如果熟悉对方的家乡话,也不妨使用方言,这样更容易拉近双方的距离,但若有第三方在场则要慎用只有你们两位才懂的方言)。语言简单明了,语义清晰无歧义,无空话、废话。交谈时尽量使用口语化表达,少用书面语,否则容易产生矫揉造作、卖弄玄虚之嫌。尽量少用专业术语,因为隔行如隔山,不要想当然地以为客人明白,要把话说得通俗易懂、易理解。考虑对方文化程度、生活阅历等因素,选择令对方容易接受,听起来舒服顺心的说话方式。比如,不说骨碟而说盘子;当客人问鲜榨果汁有多少时,依照国别习惯,回复大约有多少毫升或多少加仑或多少磅,或回复"用啤酒杯的话,一扎鲜榨果汁可以倒4杯"之类的语言,便于客人理解。

3. 平稳柔和的表达方式

交谈中陈述意见要尽量做到发音准确、语调平稳柔和、语音语速适中,保持能让对方清晰听见而不引起反感的高低适中的音量。语气亲切和善、温言软语更易于让对方接受,切忌以生硬的语气对待客人。

4. 注意身体语言的运用

服务人员要用身体语言告诉客人自己很重视对方,对交谈非常感兴趣,激励客人继续诉说。因为交谈时双方都在观察对方的表情、神态,对此极为敏感。在交谈中,应与客人保持适当的社交距离(1米左右),表情端庄大方、自然得体,带着真诚的微笑,注意眼神交流,两眼平视客人面部倒三角区,目光的注视时间应不少于交谈时间的1/3。身体略微倾向客人,谈话中尽量不用手势。对方发言时,不左顾右盼、心不在焉,或注视别处,显出不耐烦的样子,也不要总看手表,或做出伸懒腰、玩东西等漫不经心的动作。

5. 学会赞美

人们往往喜欢听赞扬的话,而不愿意听批评的话。服务人员要懂得如何去欣赏客人的优点,并且用最适当的语言表达出来。赞美具有极大的魔力,在协调人际关系上如生命中的阳光和空气。当交谈一方适时中肯地赞美认可另一方后,会使整个交谈气氛变得活跃、和谐起来,陌生的双方从众多差异中开始产生了一致感,进而十分微妙地将心理距离拉近。另外,赞美他人也是一种美德。乔治·梅奥曾经说过,"尊重别人就是尊重自己,发现别人的优点,实际上就等于肯定自我,那说明你宽容,说明你谦虚,说明你好学。"

(二)聆听的艺术

聆听是一种非常重要的沟通技能,有时候听比说还要重要。学会聆听,将极大地帮助酒店服务人员与客人及同事保持良好的沟通效果。

(1)学会察言观色。听不仅是用耳朵去听,还要用眼睛、用心去揣摩,理解客人的真实需求,感知客人的情绪和情感。中国有句老话说得好,"听话要听音"。有时同样的一句话,因不同的音量、语调、语气、重音等会产生不同的效果。在聆听的同时,通过观察客人的表情和肢体动作来判断对方的真实想法。

(2)保持专注、耐心,不打断客人的谈话。每个人的语言习惯都不尽相同,有些客人喜欢含蓄、幽默的表达,因此不要自作聪明打断客人的谈话,以免曲解客人的意思。另外,有时候诉说也是情绪的释放,尤其是在客人投诉的时候,要等客人把话说完,不要打断客人。有些人在听别人说话时,总是忍不住想打断别人,总是喜欢插话。殊不知,这种行为很容易使他人思路中断,是一种失礼的表现,也容易造成客人的误解。

(3)使用良好的身体语言。客人和你谈话时,要停下手中的工作,面带微笑,保持与客人的目光接触;在聆听时身体要微微前倾,用微笑、点头等无声语言,或用提问等有声语言回应客人,表示对客人的重视与尊重——他是一个值得你聆听的人。

(4)同理心的倾听。同理心的倾听的出发点是为了"理解"而并非为了"反应",为了理解而倾听,而不仅仅是为了回应而倾听,是最高层级的倾听,也就是透过交流去了解别人的观念、感受,努力理解客人所说的内容。站在客人的角度，聆听是为了理解客人，多从客人的角度着想：他为什么要这么说？他这么说是为了表达什么样的信息、思想和情感？这样服务人员才能感知客人的需求，顺应和理解客人的情绪，从而为后面的沟通奠定良好的基础。

（三）提问的技巧

提问可以获得有效信息，能够准确把握客人的真正想法和需求，还可引导客人思考与回答，并使客人感受到尊重与表达的畅快。为此，提问时必须保持礼貌和谨慎。站在客人的立场上提问，不要仅围绕自己的目的，问题需通俗易懂，提问时不鲁莽，也不要羞怯。询问方式不同可带来不同数量、不同广度与深度的各种回答信息。

（1）开放式问题。开放式问题不限制答案，可以自由发挥。时间充裕，想得到更多信息时可以采用此方式的问题，如"先生/女士，请问您需要什么样的房间？"一句话问出来，客人可能就滔滔不绝了，这就是开放式问题。

（2）封闭式问题。答案很简单，通常是"是"或"否"，或者做选择题，在限定范围内作答。这种提问的主要目的是澄清事实，节省时间。如"请问您是喜欢靠窗的座位还是中间的座位啊？""请问您选大床房还是双人标间？"客人只能回答其中之一。

（3）征询性问题。"您看……可以吗？"类似这样的问题称为征询性问题。服务人员告知客人一个初步解决方案后，要让客人做决定，以体现客人是"上帝"。经常用"这样可不可以？""您还满意吗？"之类的征询语，在服务中会显得更加谦恭。

（4）服务性问题。一般来说，在对客服务结束时会用到服务性问题，如"您看还有什么需要我为您做的吗？"当去一家档次较高的五星级酒店时，这句话经常能听到。服务性问题的提出体现了服务人员的专业性和训练有素。

（5）想象式提问。主要是给客人一个想象的空间，使客人经过思考后对预测的结果有强烈的感受。如"305房间是个江景房，明天中午可以看江涨潮，您看过长江涨潮吗？"

（6）高获得性提问。限定于某个方面的开放性提问，如"请问先生，对菜品的麻辣程度有什么要求吗？""请问您在住宿方面有什么要求吗？"

（四）插话的技巧

在交谈中插话，主要是鼓励客人继续说下去，并非故意打断其谈话。因此，要特别注意插话的时机。面对不同的情况和场合，在插话时也要使用不同的方法。常用的插话方法有以下三种。

（1）疏导法。在交谈时，如果客人情绪不好或者情绪波动较大，就有可能在叙述事情的时候不能控制自己的感情，从而让交谈不能很好地进行。这时，服务人员就要适时地插进一些话题来疏导客人，如"您一定很生气吧""您一定对这个问题很烦恼""您心里很难过吧？"等。听到这样的话，客人可能会就此话题来发泄一番。当客人发泄完，就会感到轻松，接下来就能从容地叙述事情了。

（2）兴趣法。交谈是双向的，插话其实也是一种回应。适时说一些表明自己感兴趣的话语，能够激发客人继续说下去，如"真的喔？""我都不知道耶""那怎么办？""后来呢？""原来是这样！"当客人表现得犹豫不决、吞吞吐吐时，服务人员可以说一些打消客人顾虑的话，如"我对这件事情很感兴趣""您可以和我详细说一下事情的经过吗"等，引导客人继续倾诉。

（3）提问法。如果客人在向你诉说某件事情或某个问题时表现出迫切地想要服务人员理解他所说的事情或问题，服务人员可以用简单的几句话来把客人的意思综合表述出来，如"您的意思是""您觉得事情是……""您想告诉我……"等，简单复述一下对方的内容和观点，表示服务人员正在很认真地听讲，能够及时地让客人了解对他谈话内容的理解程度，这样不但可以让客人感受到真诚，还便于客人纠正服务人员的理解偏差。

上面提到的谈话中插话的技巧都有一个相同之处，那就是这些话的感情色彩都是中性的，既没有对客人的谈话内容及言论发表任何评判，也没有对客人的情感作出是与非的表达。切记不要把个人立场强加于人，这是非常重要的。如果超越了这个界限，就会陷入倾听的误区，使谈话失去意义。

（五）拒绝的技巧

世界上再大、再知名的酒店，在满足客人需求方面，也不是无限度的，对于提供不了的服务要求或是非理性要求，应学会使用委婉的拒绝艺术，而不是简单而生硬地告之"没办法做到""我们酒店没有这项服务""不可能提供"等。

在与客人的交流过程中，酒店服务人员一般情况下不能直接对客人说"不"等否定性语言，对无法接受或无法应承下来的事情要婉言相拒，即用温和的语言来表达拒绝之本意。与直接拒绝相比，它更容易被接受，因为其在更大限度上顾全了被拒绝者的尊严。所以如何委婉地拒绝也是一门艺术。

（1）稍作停顿，语速缓慢。当客人对我们有所求时，不要立即拒绝，否则会让人感觉到你是一个冷漠无情的人，甚至觉得你对他有成见。应对客人的要求表示充分的理解，并作出适当的努力，再加以拒绝。如"经过一番考虑，还是无法办到，实在对不起。"这样客人会有一种满足感，感到你已经尽力了，不会再有被拒绝后的不愉快。

（2）理由清晰具体，简洁明了。不能毫无缘由地拒绝他人，要向对方真诚地解释理由，如果不方便说出真实的原因，也应该寻找适当的托词，并向客人诚恳说明，以求得客人的理解和谅解。只是具体说明不能接受的原因是不够的，重要的是要首先说一些表示歉意的话，如"实在对不起""真是过意不去""我很愿意为你效劳，可是……"等。

（3）暗示果断，切忌含糊。在拒绝场合中使用模棱两可的语言是很危险的。在自身确无力量达到客人要求的情况下，明确表明拒绝的态度是最好的选择。一些酒店服务人员认为拒绝客人会让其感到没有面子，也担心客人会由此产生对酒店的不良印象，在拒绝时闪躲不清、含糊其词，反而会让客人搞不清服务人员的真实意图，带来更多的麻烦。

（4）寻求替代，留有出路。在拒绝的同时提供其他的方法，帮客人想另外一条出路，表现出只要力所能及就尽力帮忙的姿态。拒绝之前要向客人提供一些替代方案，不能直接说"不行"或"不知道"，可以说"这件事情我还不是很清楚，我帮您问一下房务中心再回复您，可以吗？"

（六）交谈的注意事项

俗语说："一句话使人笑，一句话使人跳。"在人际交往中，要有界限感，哪些话该问，哪些话不该问，怎样说才能让对方入心，才更符合人际交往的目的，这均是交谈礼仪应注意的问题。

1. 交谈注意忌讳

交谈内容健康，与工作有关，不涉及个人隐私。可以美食、天气、旅游、体育运动为话题，与客人进行交谈。在一般交谈时要坚持六不问原则。收入、年龄、婚姻、家庭住址、经历、信仰等属于个人隐私的话题，在与人交谈中，不要好奇询问，也不要问及对方忌讳的事情（如身体残疾及缺陷）和需要保密的问题。在交谈的内容上，一般不要涉及疾病、死亡、灾祸等不愉快的事情；不谈论荒诞离奇、格调不高的事情。与客人交谈，交谈范围最好控制在职业范围以内，与同事交流也要注意亲疏有度，交浅不可言深。

2. 交谈要掌握分寸

有些话虽然出自好意，但由于措辞用语不当，说话太直接，好意也可能引出坏的效果。所以语言交际必须对说的话进行有效的控制，掌握说话的分寸，才能获得好的效果。不可以由于与客人熟悉而有失分寸。

3. 在措辞上，要注意感情色彩

服务中多用褒义词、中性词，不用贬义词。多说善意的、赞许的、礼貌的、谦让的话，不说恶意的、贬斥的、粗俗的、狂妄的话语。还要辨析话语的细微差别，如应答语"马上来"就比"请稍等"听起来感觉更主动热情一些，速度更快一点儿。又如"我马上请我们经理来这边"与"我马上叫我们经理来这边"相比，"请"与"叫"一字之差显示出对上司的不同态度。

世界顶级酒店集团丽思卡尔顿对员工提出20条服务准则,其中第14条准则是:员工与客人及同事沟通时注意措辞得体。例如,应该说"请接受我的道歉"而非"对不起","愿意为您效劳"而非"可以"。为此,前总裁舒尔策曾宣布过一条著名禁令,禁止说"行"或"可以"。

4. 不要与客人争辩

除非原则性问题,否则不要和客人争辩,要学会把面子留给客人,把"里子"留给自己。在争辩中占了上风,可能失去客人和生意,失去朋友。固执己见、强词夺理的人往往不受人欢迎。在工作中不仅仅和客人之间交流时要注意此问题,和同事、领导相处时依然要重视此问题。

比如餐厅内常会听到客人说:"我觉得你们家的菜没有×××酒店的好吃,价格还那么高。"这时,有些员工可能会摆出一副很不服气的表情,甚至可能会说:"他们那里算什么,比我们这里差远了。"这样与客人争辩、赌气的话,后果可能是不欢而散。

当客人在议论别的酒店比自己的酒店好时,服务人员不能说人家不好或者去诋毁同行,这样显得自己小气,正确的做法是耐心倾听客人的需求,表现出谦恭的态度,满足客人的虚荣心。回复:"张先生,您见多识广,看来×××酒店的确有高明之处,您能详细说说吗?我们也想学习学习。争取您下次再来的时候,让您更满意。"

案例 3-2

川菜辣不辣

几位客人到川菜馆进餐,让服务员介绍正宗的川菜。服务员耐心地介绍了各款川菜的风味特点:"川菜也有不辣的,如东坡肘子、蒜泥白肉、开水白菜等是没什么辣味的;而夫妻肺片、麻婆豆腐、水煮肉片等是比较辣的。"

客人点点头,把服务员介绍的"辣"菜差不多都点上了。

服务员请示客人:"请问先生,您点的麻辣川菜是否需要减麻辣呢,是微辣还是正常辣度呢?"

客人答:"不用了,我们正要尝尝正宗的麻辣川菜。"

麻婆豆腐上席了,客人吃的第一口就呛着了,不断地咳嗽,不敢再吃。并向服务员投诉:"怎么搞的,这菜这么麻这么辣,我的舌头都麻了,喉咙也痒疼,太难受了。"

服务员这就犯难了,刚才不是说好要尝尝正宗的麻辣川菜吗?现在怎么又怕辣了，还显得这么难受。

"这菜怎么能吃？你们搞错了吗！我在别的川菜馆吃的川菜不是这样的！"客人继续投诉说。

服务员看着客人辣得满头是汗的难受样子，忙说："不好意思，先生。下面的麻辣川菜我转告厨房，给您减麻辣度，希望您吃得满意。"

说完将刚上的菜也端回厨房让师傅重做，并立即递上冰水让客人漱口，递上毛巾让客人擦汗。

服务员心里明白，这时候只有把"错"转移给自己，才能让客人消气。随后，服务员把麻婆豆腐、夫妻肺片、水煮肉片等川菜一道接一道地端上餐桌，客人再也没有呛着，因为麻辣度已经减轻了很多。服务员面带笑容地征求客人意见："请问这些菜的味道怎么样，可以吗？"

"香甜中带点儿辣，不错，不错。"客人终于满意地回答。

川菜究竟辣不辣？其标准又怎么确定？看来只能由客人的口味"定"了。

点评：本案例的客人吃了麻辣川菜舌头麻、喉咙痒痛，这些表现是事实；并说"我在别的川菜馆吃的川菜不是这样的"也可能是事实。"你们搞错了吧？"这点不符合事实，况且服务员事先已给予提醒。客人要正宗川菜，厨师和服务员都没有错。若服务员据理力争，一定要争个输赢，矛盾就会激化，最终变成服务员的错。

所谓"讲理不讲理"，主要是"行为是否合情合理"的问题。"有理"并不等于一定要去"说"。在酒店里，客人错了不认错是常有的事。一般认为"得理不让人，据理力争"也是天经地义的事，但在酒店这个特定的环境中，在服务员与客人这种特定的关系中，客人虽然错了，如果这个错误不会造成酒店重大的经济损失，就要将"面子"让给客人。这样做，是酒店服务中宾客意识的重要表现。此例中的服务员态度谦虚，满腔热情的服务精神，给客人一种心理满足，熄灭了客人的火气，是正确的做法。

5. **不要否定客人**

在与客人的交流出现阻碍时，要先尽量否定自己，而不要去否定客人。例如，用"假如我有什么地方没有讲清楚，那我再说一遍"替代"假如您有什么地方没有听清楚，我就再说一遍"。

还可以先顺应客人的观点，然后引导客人同意自己的观点。因为一开始就否定，会让客人失去聆听的兴趣。例如，客人说："你们上菜太慢了！"服务员道："是的，这道菜上得确实慢了点儿，但是为了保证质量和味道，它需要一些烹饪时间，口味一定能让您满意的。"客人说："你们的菜怎么这么贵啊？"服务员道："是的，这道菜是不便宜，可这是时令菜，只有这个季节有。"

6. 不要轻易打断客人

客人讲话时，要耐心听，尽量不要中途打断。那种突如其来、不经允许去插上一嘴的做法不仅会干扰客人的思绪，破坏交谈效果，而且会给客人留下自以为是、喧宾夺主之感。发表个人意见或进行补充，必须等客人把话讲完，或经客人首肯。

五、服务中的礼貌用语

礼貌用语是酒店服务行业的工作人员在接待客人时使用的一种礼貌语言，体现着礼貌性、情感性和服务性等，是酒店服务人员用来向客人表达意愿，交流思想感情和沟通信息的重要交际工具。

在服务过程中，酒店服务人员应谈吐文雅、语调轻柔、语气亲切、态度诚恳，讲究语言艺术。归纳起来，服务时要有"五声"，即顾客进店有欢迎声（问候声），给客人以宾至如归的感觉；顾客询问有应答声，让客人感受到礼遇和尊重；麻烦客人有致歉声，给人以彬彬有礼的感受；受人帮助有致谢声，让人感受到谦逊有礼；顾客离店有送客声（道别声），给客人留下最后的好印象。

杜绝"四语"：不尊重人的蔑视语；缺乏耐心的烦躁语；自以为是的否定语；刁难他人的斗气（顶撞）语。

（一）常用礼貌用语的种类

（1）敬语。敬语是说话者直接表示自己对听话者尊敬、恭敬的语言。例如，与宾客交流时，以"请"字开头，"谢谢"收尾，"对不起"常挂在嘴边，常用"您"称呼客人等。再如，"对不起，让您久等了。""请问……""劳驾……"我们日常使用的"请"字，第二人称中的"您"字，代词"阁下""尊夫人""贵方"等都是敬语，另外还有一些常用的词语用法，如初次见面称"久仰"，请人批评称"请教"，请人原谅称"包涵"，麻烦别人称"打扰"，托人办事称"拜托"，赞人见解说"高见"，老人年龄问"高寿"，客人来到用"光临"。

（2）谦语。谦语是说话者通过自谦从而表示对听话者敬意的语言。"自谦"体现着一种精神。它以敬人为先导，以退让为前提，是一种典型的礼仪待人的人际沟通方式。例如，称自己的见解为"愚见"等。服务中惯常的用法有"您太客气了""您过奖了""为您效劳""多指教""没关系""请原谅""惭愧""不好意思"等。

（3）雅语。雅语是指一些比较文雅的词语。雅语常常用在一些正规的场合及一些有长辈和女性在场的情况下，被用来替代那些比较随便甚至粗俗的话语。雅语是指一些不便直言的事用一种比较委婉、含蓄的方式表达双方都知道、理解但不愿点破的事。多使用雅语，能体现出一个人的文化素养及尊重他人的个人素质。在接待宾客时，用"几位"代替"几个人"，用"哪一位"代替"谁"，用"贵姓"代替"你姓什么"，用"不新鲜""有异味"代替"发霉""臭了"，用"我去方便一下"或"去一趟洗手间"代替"去厕所"，用"需不需要加一些主食"代替"要不要饭"，用"这件衣服不太适合您"代替"您穿这件衣服很难看"，用"发福"代替"发胖"等。在日常接待中常用的还有"留步""奉还""光临""失陪""光顾""告辞"等。雅语的使用不是机械的、固定的，需要根据不同场合、不同人物、不同时间灵活选择。

（二）常用礼貌用语

1. 请托语

请托语是指当向客人提出某种要求或请求时应使用的必要的语言。"请"字当先，彰显恭敬之意，如"先生／女士，请用茶""请问您几位，是否有预订""请跟我来""请您多提宝贵意见""请您多多包涵""有劳您了""拜托您，请帮个忙""麻烦您关照一下""让您费心了"等。

2. 感谢语

客人表扬、帮忙或者提意见的时候，都要使用答谢语。例如，"谢谢您的好意""谢谢您的合作""谢谢您的鼓励""谢谢您的夸奖""谢谢您的帮助""谢谢您的提醒""感谢您的意见（建议），我们一定改正""谢谢您的鼓励，我们还会努力"等。

3. 征询语

在对客服务中，我们应多用征询语来探询客人的需求。例如，在餐厅，当客人东张西望的时候，或从座位上站起来的时候，都是在用自己的身体语言表示他有服务需求了。这时服务员应该立即走过去说："先生／女士，请问您有什么吩咐吗，我能为您做些什么呢？"这种服务体现对客人的尊重。

4. 提醒致歉语

提醒道歉语并不一定是服务人员真的做错了什么，而是表达一种对宾客的尊重之情，同时提醒道歉语又是一个必要的服务程序，在服务之前务必诚恳主动地提醒客人，如"不好意思，打扰一下""不好意思，让您久等了""很抱歉，让您久等了"。

5. 赞美语

赞美语是指向客人表示称赞时使用的用语。赞美语应真实、真诚，真挚的赞美不仅能够缩短与客人之间的心理距离,更能够体现出对客人的关注。赞美客人也是一种服务礼仪要求,能够建立与客人之间良好的关系。常用的赞美语有"您真是酒店服务方面的专家""您对酒店服务礼仪很了解"等。如果面对客人对自己的赞美,也不必过谦,应当做出积极、恰当的反应。例如,"谢谢您的鼓励""多亏了您的帮助""您过奖了"等。

6. 告别语

告别语应和欢迎语一样真诚热情,切忌虎头蛇尾,与人告别时神情应友善温和,语言委婉谦恭。例如,"再次感谢您的光临,欢迎您再来""一路平安"(客人要远去时)、"一路顺风"(如对方是乘飞机出行,应忌讳用此告别语)、"希望再次为您服务,先生您慢走"等。注意不能将与客人道别的语言和仪式公式化,而应充满恭敬和真诚之情,给客人留下美好的印象。

7. 恭贺语

恭贺语分为应酬式和节庆式两种。应酬式的恭贺语有"祝您健康快乐""祝您一帆风顺""祝您马到成功""祝您心想事成""祝您吉星高照""恭喜您""祝贺您""真替您高兴"等。节庆式的恭贺语有"节日快乐""生日快乐""新婚快乐""新年好""恭喜发财""祝您开张大吉""祝您福如东海,寿比南山"等。

8. 推托语

推托语分为道歉式、转移式和解释式三种。道歉式的推托语有"实在对不起,我们能力有限"等。转移式的推托语有"对不起,您需要点儿别的吗""我们这里最著名(最好)的是……您要不要试试""这个与您要的看上去差不多,您看行吗"等。解释式的推托语有"谢谢您的好意,不过……""承蒙您的好意,但恐怕这样会违反公司的规定,希望您理解"等。这类语言使用时有下列要求:一是一般应该先肯定后否定;二是客气委婉,不直接拒绝。

六、训练与实操

(一)称谓与问候礼仪训练

1. 训练目的

通过规范合体的称谓、亲切自然的问候给客人留下宾至如归的感觉。考核与训练学生的亲和力,考核称谓与问候礼仪的掌握水平。

2. 规范要求

微笑、谦恭地注视宾客的眼睛,音量适中,语调柔和,表情自然亲切,

项目三　酒店服务人员服务与交往礼仪

一边欠身行礼，一边问候称呼客人。

3. 训练方法

（1）演示法。分组演示常规问候，"先生/女士，早上好"。

（2）情景模拟法。情境一，模拟前台员工为 VIP 客人办理入住时，问候客人，称呼客人的姓氏加尊称至少 3 次；情境二，预订部接受客人电话预订时，称呼客人的姓氏加尊称 3 次。

（3）角色扮演法。选出学生代表分别饰演酒店迎宾人员和常客，进行个性化问候。

（二）介绍礼仪训练

1. 训练目的

考核与训练学生的自信心和表达能力，考核为他人介绍的顺序及手势掌握水平。

2. 规范要求

自我介绍时，表情要自然、亲切，注视对方，站姿庄重、大方，态度镇定而充满自信，表现出渴望认识对方的热情。

3. 训练方法

（1）演示法。学生轮流展示，做一分钟自我介绍（求职）。

（2）情景模拟法。自我介绍，模拟金钥匙管家迎接宾客时的自我介绍。为他人做介绍，模拟前台员工为 VIP 客人介绍酒店总经理。集体介绍，模拟人事部员工给大家介绍新员工。

（三）礼貌用语训练

1. 训练目的

养成使用礼貌用语的习惯。

2. 规范要求

使用普通话，音量适中，音调略微上扬，语调亲切、有朝气。

3. 训练方法

分组训练，分组展示。

（四）交谈礼仪训练

1. 训练目的

考核与训练学员的询问和倾听能力、知识水平和反应能力，考察询问策略掌握程度。

2. 规范要求

态度谦恭有礼、发音清晰、表达准确简洁，掌握良好的身体语言。

3. 训练方法

（1）情景模拟法。情境一，询问客人住房需求，重点关注"询问"的措辞与倾听的姿态。情境二，赞美对方。情境三，委婉地拒绝。情境四，面对客人的责难，能不能用积极的态度，面带微笑，把自己的想法充分地表达出来，而且能够照顾到客人的面子。

（2）问题提问法。客人说你的工牌歪了，怎么解决？客人说你的普通话不标准，怎么回答？

案例 3-3

"鸿运当头"庆祝客人考研成功

一天，客人赵先生联系厦门金门湾大酒店，表示因为自己的女儿晗晗要过来参加研究生入学考试的复试，过几天将会到酒店入住。接听电话的正是金钥匙管家蔡美珍，她为赵先生父女的到来提前表示欢迎。3月16日，蔡美珍正在前台顶岗，这时一位先生向她走来，正是赵先生。原来前两天她休息的时候赵先生就已经来了，今天是要办理续住。小聊了一会儿，蔡美珍才知道今天是赵先生的女儿最后一天考试，于是她向赵先生表示真诚的祝福，祝他的女儿晗晗顺利通过考试。赵先生表示希望借她吉言。

晚上，赵先生与女儿回到酒店的时候，蔡美珍立刻上前关切地询问考试情况，赵先生眉开眼笑地对女儿说："要谢谢这位姐姐的金口玉言啊！早上姐姐说祝你考试顺利通过呢！""通过就好，我也替您高兴，紧张了几天了。您回房间好好休息吧。"蔡美珍对晗晗说。赵先生父女前脚刚进房间，蔡美珍后脚就端着寓意为"鸿运当头"的蛋糕还有水果跟了过来，对赵先生说："这么大的喜事怎能不庆祝呢？就地取材了，别嫌弃哈！"就这样，他们3个人一起点了数字"6"的蜡烛，吃蛋糕，合照，纪念这难忘的一天。

点评：上述案例中金钥匙管家蔡美珍在服务语言方面非常值得酒店服务人员学习。她得知赵先生女儿参加考试，首先表达了真诚的祝福，祝赵先生女儿晗晗顺利通过考试，这样的祝福语言能让客人开心，感受到酒店对客人美好的祝愿；得知赵先生女儿顺利通过考试，立即送去寓意为"鸿运当头"的蛋糕还有水果，用实际行动和美好的祝福语言表达了祝贺之心，非常具有仪式感，给客人留下了美好的记忆。

项目三 酒店服务人员服务与交往礼仪

 任务二 服务与交往礼仪

思政导航

酒店人应养成服务的习惯

什么是习惯？一个人的日常行为举止的表现其实就是其习惯。人的习惯是在不知不觉中逐渐养成的不自觉的、潜意识的行动。

从要我做，到我要做，直至做到更好；职业的进化，理念的改变，都能带给酒店人成长蜕变。一个合格的酒店人表现出的往往是一种职业般的气质，遇到问题需解决时便能做到处变不惊。

酒店公共区域里经常有往来的人群，有客人，也有酒店服务人员及管理人员，除一身职业的制服及工作铭牌外，从气质和行为举止上就能区分出酒店的服务人员。在公共区域遇到客人，无论你在做什么都会放下手中的工作，习惯性问候客人；又如餐厅迎宾员，只要电梯门一打开，就会迎上去鞠躬行礼，欢迎客人的光临；你跟客人同乘一部电梯，习惯性让客人先进先出……这些良好的习惯要靠平时多做，久而久之就会养成习惯，习惯成自然你就具备了职业性。

当就餐客人起身之际，当客人即将走进电梯，当客人走向前台，一个个不起眼的拉椅子、摁电梯、眼神的交流等动作，都彰显着职业酒店人的素质。服务于客人开口之前、主动提供客人需要的服务……应习惯性地为客人提供服务。

At Your Service，我们以服务为荣。

一、握手礼仪

握手礼是人们日常交际过程中最为常见、适应范围十分广泛的见面礼节，是使用最频繁的传达情意的形式。古时候，人们在战争或狩猎时，手中常常握有石块和棍棒等武器，陌生人相见，若无恶意，彼此即把手中的武器放下，伸出右手，互相握手言好。后来，这种习惯逐步演变成了现代的握手礼。

微课 3-2：
握手礼仪

（一）握手礼的含义

握手是大多数国家和民族在相见、离别、恭贺或致谢时相互表达情意的一种礼节。握手礼的含义：表示友好、亲近、问候、道别，对他人表示感谢、祝贺、欢迎等。握手也被称为人类的"次语言"，双方往往是先打招呼，后握手致意。通过握手，我们往往可以了解一个人的情绪和意向，甚至还可以推断一个人的性格和感情，从而赢得交际的主动权。

（二）握手礼的场合

聚散忧喜皆握手，此时无声胜有声。握手前要审时度势，听其言观其行，留意握手信号，选择适当时机。在社会交往中，若要体现个人待客有礼有节之彬彬有礼，常见的需与交往对象行握手礼的场合有：迎送客人或送别来访者时，在被介绍与人相识时，与友人重逢时，社交场合偶遇熟人时，拜托别人时，与客户交易成功时，他人为自己提供帮助时，对人表示祝贺、感激、鼓励时，等等。

（三）握手礼的姿势

握手的标准方式是行至距对方约 1 米处，双腿立正，上身略向前倾，伸出右手，注视对方，四指并拢，面带微笑，拇指张开与对方相握（图 3-2）。握手时手的高度与对方腰部上方持平，同时应用力适度，上下稍微晃动三四次，随后松开手，恢复原状。

图 3-2　握手礼的姿势

（四）握手时的伸手先后顺序

在较正式的场合行握手礼时，双方应当由谁先伸出手来"发起"握手，这是重要的礼仪问题。通常讲究的是"尊者居前",即应由握手双方之中身份较高者先,位卑者予以响应,贸然抢先伸手是失礼的表现。

应当强调的是,握手时的先后次序可用以律己,却不必处处苛求于人。要是当自己处于尊者之位,而位低者抢先伸手要来相握时,最得体的做法还是要与之配合,立即伸出自己的手。若是过分拘泥于礼仪,对其视若不见,会使其进退两难,当场出丑,也是失礼于对方的。

(五)握手礼的力度

握手时力度要适中,不要用力过猛,尤其是男士与女性握手时,用力一定要适度,握住对方的手指部分即可。如果是老朋友、亲密者久别重逢,力度可以大一些。不同场合或不同对象,握手的力度是不一样的,如男人之间握手,通常是紧握,坚定有力。

(六)握手礼的时长

一般情况下,握手的时间不宜过短或过长,时间应控制在3秒钟以内,握上一两下即可。当然,若是老友重逢,握手的时间则可以相应地适当延长。握手时两手稍触即分开则好似在走过场,会显得不重视。握手时间也不宜过久,尤其不宜拉住异性或初次见面者的手长时间握手,以免引起他人误会。

(七)握手礼的禁忌

一忌不讲先后顺序,抢先出手;二忌目光游离,漫不经心。三忌不摘手套、墨镜,自视高傲;四忌掌心向下,目中无人;五忌用力不当,敷衍鲁莽;六忌左手相握,有悖习俗;七忌交叉握手,形成十字架,有凶恶之嫌;八忌握手时间太长,让人无所适从;九忌"双握式"握手,令人尴尬;十忌"死鱼式"握手,轻慢冷漠。

> **案例 3-4**
>
> ### 握手
>
> 周先生遇见一位他很敬重的教授,这位教授正在和其他人谈话。周先生想,在这么多人面前,更加应该表示对教授的尊敬。于是在握手时,他用左手盖在对方的手背上以示亲密,并长时间地握住教授的手不放,还寒暄了几分钟。
>
> **思考**:周先生的行为是否合乎握手礼仪?
>
> **点评**:在日常交际过程中,有时一个微小细节的行为,便决定了一个人给他人留下的第一印象。那么,要想塑造良好的职业形象帮助自己获得事业的成功,了解迎来送往、待人接物的礼仪知识是非常必要的。

> 握手礼是世界上大多数国家常见的见面礼和告别礼,通常与长辈或地位差很大的人握手时可双手捧握,以示敬重。若左手加盖在对方手背上,则为"支配式握手",以此样式(掌心向下或向左下的姿势)握手的人通常是想表达自己的优势、主动、傲慢或支配地位,因此周先生的行为不符合正确的握手礼仪标准。

二、鞠躬礼仪

鞠躬礼是用来表示对他人的尊敬而普遍使用的一种致意礼节,也是中国、日本、朝鲜等国家的传统礼仪。鞠躬礼除了向客人表示欢迎、问候之外,还用于下级向上级、学生向老师、晚辈向长辈表示由衷的敬意,有时也用于向他人表示深深的感激之情。鞠躬礼常见的适用场合有演员谢幕、讲演、领奖、举行婚礼、悼念等。另外,各大商业大厦和饭店宾馆也应用鞠躬礼向宾客表示欢迎和敬意。

(一)鞠躬礼的正确姿势

行礼者在距受礼者2米左右行礼。行礼时,以腰部为轴,头、肩、上身顺势前倾,双手应在上身前倾时自然下垂放于两侧,也可两手交叉相握放在体前,面带微笑,互视对方,嘴里还可附带问候语,如"您好""早上好"等(图3-3)。

图3-3 鞠躬礼的姿势

(二)鞠躬的场合与度数

鞠躬的深度视受礼对象和场合而定。通常,服务人员在迎宾问候、向宾客招呼致意时施 15 度左右的鞠躬礼，表示寒暄、欢迎；30 度的鞠躬礼是敬礼，大多用于面试求职、演讲颁奖、送别宾客时；45 度的鞠躬礼是高规格的敬礼，表达深切的歉意、感激或敬意；90 度的深度鞠躬常用于悔过、谢罪及红白喜事等特殊情况。

（三）鞠躬礼的应用要领

（1）行鞠躬礼必须脱帽。用右手握住帽子前檐中央将帽取下，左手下垂行礼，用立正姿势。男士鞠躬时，双手放在裤线稍前的位置，女士则将双手在身前下端轻轻搭在一起。注意头和颈部要保持直线，以腰为轴上体前倾，视线随着鞠躬自然下垂，礼后起身迅速还原。敬礼时要面带微笑，施礼后如欲与对方谈话，脱下的帽子不用戴上。

（2）受礼者应以鞠躬礼还礼，若是长辈、女士和上级，还礼可以不鞠躬，而用欠身、点头、微笑以示还礼。

（3）上台领奖时，要先向授奖者鞠躬，以示谢意，再接奖品，然后转身面向全体与会者鞠躬行礼，以示敬意。

（四）鞠躬礼的禁忌

（1）切忌边工作边鞠躬。
（2）鞠躬不可速度太快。
（3）切忌上身不动，只膝盖处弯曲，歪歪头。
（4）切忌一边摇晃身体一边鞠躬。
（5）切忌边看对方边鞠躬，这是十分不雅的。
（6）不可连续地、重复施礼，鞠躬一次即可。

拓展阅读 3-1

世界各国的鞠躬礼

日本：日本是鞠躬礼使用最多的国家。据统计，一个普通职员一天平均每 11 分钟鞠躬一次。如果是服务行业职员，每天大约鞠躬 2000 次。日本鞠躬一般行 60~90 度礼，双手摊平扶膝，同时表示问候。

朝鲜：一般在见面和离别时行鞠躬礼，此时，女子一手提裙，一手下垂鞠躬。

西欧：有时用，一般为下级对上级或同级之间。行礼时，通常脱帽、立正，双目注视对方，面带微笑，鞠躬 15 度。

（资料来源：作者搜集整理）

三、拱手礼仪

(一) 拱手礼仪规范使用

拱手礼,又称作揖,是我国见面问候的传统礼仪。拱手礼的正确做法是,行礼时,双腿站直,上身直立或微俯,右手五指屈拢,不握实心拳,略有空隙,拇指压在食指上;左手手掌弯曲,覆盖在右手之上,大拇指压在右手拇指之上,两手合抱于胸前,距身体约15厘米,形成一个拱形,在额头下、胸部上位置,有节奏地晃动两三下。行礼时,向对方致以问候、祝福,或说感谢的话语(图3-4)。

图3-4 男女规范拱手礼

拱手礼至今在武术界、长者之间和一些民族风格浓郁的场合还经常使用。有时也在一些非正式场合或气氛比较融洽的场合,如春节团拜、宴会、晚会之时使用。

(二) 拱手礼仪的注意事项

(1) 正确手势。行拱手礼时,一般情况下,男子应右手握拳在内,左手在外,女子则正好相反。在古代,拱手礼多为男子见面使用之礼,女子见面行礼时,与拱手礼类似,行万福,也叫压手。

(2) 身体姿态。拱手礼是指两手抱拳致意,其核心动作是"拱手",可一对一行礼,一对多也不失礼,站坐都可。上身直立(一般适于对平辈)或微俯(一般适于对尊长)。

(3) 单人和多人行礼。拱手礼,可对单人,也可对多人,身体姿态视现场情况及身份而定。

四、叩指礼仪

（一）叩指礼仪规范使用

以叩指来表示感谢，在我国香港、澳门及广东一带比较流行。交往场合中，一般在接受别人的斟茶或倒酒时，立即把手指弯曲用指尖在桌面上轻轻叩击，即叩指礼。

关于它的起源有这样一段故事。相传清朝乾隆皇帝微服出巡江南时为随从人员倒茶，随从人员受宠若惊，但又怕暴露身份，不能行跪拜礼，因此，就用双指弯曲轻叩桌面，代替双膝下跪，感谢皇上。

（二）叩指礼仪的注意事项

1. 晚辈向长辈行叩指大礼

如若客人是晚辈，而主人是长辈，那么当主人为客人倒茶时，晚辈向长辈表示感谢，需表示恭敬。可采用如下叩指礼致谢：五个手指并拳，拳心向下，五个手指同时敲击桌面，相当于五体投地跪拜礼；敲桌面可以敲三下，相当于三拜，如果是遇到特别尊敬的人，可以敲九下，相当于三叩九拜（图3-5）。

图3-5 晚辈向长辈的叩指礼

2. 平辈之间行尊重之礼

如果客人和主人年龄相当，当主人向客人倒茶时，平辈之间可用这样的叩指礼致谢。食指和中指并拢，同时轻轻敲击桌面三下，相当于双手抱拳三作揖，即为平辈之间行的礼（图3-6）。

图 3-6　平辈之间的叩指礼

3. 长辈向晚辈行欣赏之礼

如果客人是长辈，而主人是晚辈，当主人为客人斟茶时，客人（长辈）可用这样的叩指礼致谢：食指或中指敲击桌面一下，相当于点一下头，此种适用于长辈对晚辈或上级对下级行的礼（图 3-7）。

图 3-7　长辈向晚辈的叩指礼

五、致意礼仪

（一）常用致意礼仪

致意是用无声的语言相互表示友好尊重的一种问候礼节。致意的基本规范是男士先向女士致意，年轻者先向年长者致意，下级先向上级致意，服务人员主动向宾客致意。致意包括起立致意、举手致意、点头致意、微笑致意、欠身致意、脱帽致意、注目致意等。

项目三　酒店服务人员服务与交往礼仪

（二）致意礼仪的内容

（1）起立致意。起立致意常用于较正式的场合，当长者、尊者到来或离开时，在场者应起立表达敬意。

（2）举手致意。在公共场合远距离遇到相识的人，抬起左臂，向前方伸直，轻轻摆摆手即可。

（3）点头致意。一些不宜交谈的场合，点头打招呼时，点头者应看着对方，面带微笑，并把上体略向前倾 15 度左右。

（4）微笑致意。微笑是友好的使者，它可以用于同不相识者初次会面之时，也可用于同一场合反复见面的老朋友。

（5）欠身致意。全身或上半身在目视对方的同时，微微向上、向前倾一下，意在表示对他人的恭敬，可以站着也可以坐着向他人欠身致意。

（6）脱帽致意。摘下帽子表示对尊者的敬意。戴着礼帽或其他有檐帽的男士，遇到友人特别是女士时，应欠身摘下帽子，将其置于与肩膀平等的位置，同时与对方交换目光，离开对方时方可使帽子"复位"。

六、电梯礼仪

当我们在酒店工作时，难免会乘坐厢式电梯或自动扶梯，乘电梯看似很平常，却被许多职场人士列为头号尴尬情景，其实只要明确一些基本原则，尴尬是可以避免的。那么，乘坐电梯时需要注意哪些礼节呢？下面一一进行介绍。

微课 3-3：
电梯礼仪

（一）自动扶梯

（1）乘坐自动扶梯时，最好站在扶梯的右侧，紧握扶手。左侧留作通道，以便有急事的乘客自由上下。扶梯尽量单人站立，避免多人并行、拥挤。要提醒客人拉紧小孩，抱好婴儿，照顾好身边的老人和残疾人等，避免出现危险和意外。

（2）站立时脚须离开梯级边缘，请勿触碰毛刷，以免夹脚。

（3）禁止在扶梯上逆行和打闹。

（二）箱式电梯

1. 乘坐箱式电梯礼仪

（1）电梯门口处如果有很多人在等候，一定不要挤在一起或挡住电梯门，以免妨碍电梯内的人出来。而且应该让电梯内的人出来之后再进去，千万不可以争先恐后。

（2）靠电梯最近的人先上电梯，然后应该为后面进来的人按住"开门"

键,当出去的时候,靠电梯最近的人先走。男士、晚辈或下属应该站在电梯开关处提供服务,并让女士、长辈或领导先行进入电梯,自己再随后进入。

(3)在电梯里,应该尽量站成"凹"字形,让出空间,以便让后进入者有地方可站。

(4)进入电梯后,正面应朝电梯口,以免造成面对面的尴尬。

(5)电梯里站在前面的人应站到边上,如果有必要应先出去再进来,以便让别人出去。

2. 酒店里服务客人出入电梯礼仪

(1)电梯是公共场合,在遇见客人时服务人员的热情要适度,礼貌地道声"您好"。

(2)出入有人控制的电梯,服务人员应后进后出,让客人先进先出。把选择方向的权利让给客人。当然,如果客人初次光临,对地形不熟悉,服务人员还是应该为其指引方向。

(3)出入无人控制的电梯,服务人员应先进后出,并控制好开关键。酒店电梯设定的等待时间一般是30秒或者45秒,时间一到,电梯自动关闭。有时上电梯的人较多,导致后面的人来不及进电梯,服务人员应控制好开关键,让电梯门保持较长的开启时间,避免给后面的客人造成不便。

(4)如果是一趟已经非常拥挤的电梯,那么应该请客人先上,服务人员等下一趟。

(5)如果电梯打开,服务人员发现客人就在电梯里,那么,应主动问候客人。服务人员最好站在电梯门口处,以便在开关电梯时为客人服务。

(6)如果客人先下电梯,服务人员应该说一句"您慢走",如果服务人员要先下电梯,也应该要向客人打声招呼"我先走一步"。

3. 电梯内正确使用礼仪

(1)除了必要的问候和提供必要的服务语言,建议不要随意开口说话,更不要讲大家比较敏感的话题。

(2)如果客人聊起家常,应该多表现出热情,或者用上一点儿幽默,电梯内不要非议其他人和事。

案例 3-5

正确使用电梯的礼仪

一天,一位客人乘坐酒店观光电梯准备去大堂,当电梯行至酒店行政办公楼层时,走进两位着酒店制服、正准备去参加每月生日会的服务人员。他们边聊边随手按了电梯按键，但随即发现错按了5楼，员工生日会通常在3楼或2楼举办，于是改按了3楼的按键。当到达3楼电梯门打开后，他们发现3楼好像没有来参加生日会的人，那生日会应该是在2楼举办，于是又按了2楼。他们的行为引起一同乘坐电梯的客人的不快。当电梯到达大堂后，客人向大堂副理投诉，认为酒店服务人员不应该乘坐客用电梯，且他们乱按电梯，完全不顾客人的感受。

点评：上述案例中酒店服务人员在乘坐客用电梯时忽视客人的存在，不注意自己的行为规范和必要的电梯礼仪，从而引起客人的不快。员工按错楼层，客人可以理解，但忽视或不礼貌对待客人，必定会引起客人不满。为此，员工应遵守客用电梯乘梯有关礼仪，并留心注意事项。

（1）通常酒店的客用电梯和员工电梯是分开的。一般规定，除部门副经理以上职级的管理人员外，一般员工在非工作需要如没有陪同客人时，是不能使用客用电梯的。

（2）因工作需要，在使用电梯时，应礼貌地向电梯内的客人问好，并按住电梯开门按键，让客人先进先出电梯。

（3）当电梯内客人较多时，应等候下一部电梯，而不能和客人争抢。

七、电话礼仪

电话被现代人公认为便利的通信工具，在酒店服务中电话礼仪体现出酒店对客服务的热情程度。因而，酒店服务人员掌握正确礼貌的打电话方法是非常必要的。

（一）接听电话的礼仪

1. 重要的第一声

酒店服务人员接通电话说："您好，这里是×××酒店，请问有什么需要帮助的？"声音清晰、悦耳、吐字清脆，给对方留下良好的第一印象。

（1）要有喜悦的心情。酒店服务人员接电话时要保持良好的心情，这样即使对方看不见你，但是从欢快的语调中也能体会到这份热情，从而给客人留下良好的印象。由于面部表情会影响声音的变化，所以即使在电话中，也要抱着"对方看着"的心态去应对。

（2）要用清晰明朗的声音。酒店服务人员接听电话过程中绝对不能吸烟、喝茶、吃零食，即使是用懒散的姿势对方也能够"听"得出来。如果接电话的时候，倚在椅子上或趴在桌子上，对方能从声音感受到服务人员是懒散的、无精打采的；若坐姿端正，发出的声音也会亲切悦耳，充满活力。因此打电话时，即使看不见对方，也要当作对方就在眼前，尽可能注意自己的姿势。

（3）要迅速准确接听。酒店服务人员业务繁忙，桌上往往会有两三部电话，听到电话铃声，应准确迅速地拿起听筒，最好在三声之内接听。电话响一声大约3秒钟，若长时间无人接电话或让对方久等是很不礼貌的，对方在等待时心里会十分急躁，酒店会给客人留下不好的印象。即便电话离自己很远，听到电话铃声后，附近没有其他人，也应该以最快的速度拿起听筒，这样的态度是每位酒店服务人员都应该具备的。如果电话铃响了五声才拿起话筒，应该先向对方道歉，若电话响了许久，接起时只是"喂"了一声，会给客人留下工作不认真的印象。

2. 接听电话前的准备工作

（1）准备记录工具。如果酒店服务人员没有准备好记录工具，那么当客人需要留言时，就不得不要求其稍等一下，而让客人等待是很不礼貌的。所以，在接听电话前要准备好记录工具，如笔和纸、手机、电脑等。

（2）停止一切不必要的动作。不要让客人感觉到你还在处理一些与接电话无关的事情，客人会感到服务人员在分心，这也是不礼貌的表现。

（3）使用正确的姿势。拿好电话，以防姿势不正确电话从手中滑落，甚至掉在地上发出刺耳的声音，这些都会令对方感到不满。

（4）带着微笑迅速接起电话。打电话要保持微笑，只有这种状态才能使声音更加亲切，让客人在电话中也能感受到友好、热情，使客人身心舒畅、易于交流，产生美好的印象。

3. 接听电话

（1）接听电话的注意问题。三声之内接起电话，这是星级酒店接听电话的硬性要求。此外，接听电话还要注意说话的语调，让客人感觉到服务人员是非常乐意帮助他的，从声音中能听出你是在微笑；注意说话速度要适中；注意接听电话的措辞，绝对不能用任何不礼貌的语言方式使对方感到不受欢迎；注意接听电话的环境；注意当电话线路发生故障时，必须向客人确认原因；注意打电话时的态度。当客人表述内容很长时，也必须有所回应，如使用"是的""好的"等来表示你在听。

（2）主动问候。报部门介绍自己。如果想知道对方是谁，不要唐突地问"你是谁"，可以说"请问您是哪位"；或者可以礼貌地问，"对不起，可以知道怎么称呼您吗"。

（3）须搁置电话时或让客人等待时，应给予说明，并致歉。每过20秒留意一下客人，了解其是否愿意等下去。

（4）转接电话要迅速。每一位酒店服务人员都必须学会自行解决电话问题，如果自己解决不了再转接到对口的分机上，并要让对方知道电话是转给谁的。

（5）客人需要帮助时，要尽力而为。作为酒店的服务人员应尽力去帮助客人，对每一个电话都能做到问候、道歉、留言、转告、马上帮忙、转接电话、直接回答（解决问题）、回电话。

（6）感谢客人来电，并礼貌地结束电话。电话结束时，应用积极的态度，同时要使用客人的姓氏加尊称来感谢他/她。要经常称呼客人的尊称，这样能表示对其的尊重。

4. 认真清楚地记录

上班时间打来的电话几乎都与工作有关，酒店的每个电话都十分重要，不可敷衍，即使对方要找的人不在，也切忌只说"不在"就把电话挂了。接电话时也要尽可能问清事由，避免误事。首先要了解客人来电的目的，如自己无法处理，也应认真记录下来，既不误事又能赢得客人的好感。

随时牢记"5W1H"技巧，即 When 何时、Who 何人、Where 何地、What 何事、Why 为什么、HOW 如何进行。在工作中这些资料都是十分重要的，对打电话、接电话具有相同的重要性。电话记录既要简洁又要完备，这都有赖于"5W1H"技巧。

5. 挂电话前的礼貌

一般应当由打电话的一方提出结束电话交谈，然后彼此客气地道别，说一声"再见"后再挂电话，不能只管自己讲完就挂断电话。

（二）拨打电话的礼仪

（1）控制响铃时长。一般情况下响铃时长并无限制，但根据受话人身份的不同，响铃时长有时也应考虑。

（2）选好通话时间。打电话时，尽量避开受话人休息、用餐的时间，而且最好别在节假日打扰对方。

（3）掌握通话时长。打电话前，最好先想好要讲的内容，以便节约通话时间，不要现想现说、"煲电话粥"，通常一次通话不应长于3分钟，即所谓的"3分钟原则"。

（4）态度要友好。通话时不要大喊大叫。

（5）用语要规范。通话之初，应先做自我介绍，不要让对方"猜一猜"。请受话人找人或代转时，应说"劳驾"或"麻烦您"，不要认为这是理所应当的。

(三）酒店接打电话礼貌用语

（1）您好！这里是×××酒店×××部（室），请问您找哪位？

（2）我就是，请问您是哪一位？……请讲。

（3）请问您有什么事？（有什么能帮您？）

（4）您放心，我会尽力办好这件事。

（5）不用谢，这是我们应该做的。

（6）×××同志不在，我可以替您转告吗？（请您稍后再打来电话好吗？）

（7）您打错号码了，我是×××酒店×××部（室），……没关系。

（8）我是×××酒店×××部（室）×××，请问怎样称呼您？

（9）对不起，这个问题……请留下您的联系电话，我们会尽快给您答复，好吗？

案例 3-6

有一天，酒店刘经理收到前台发来的一条留言，上面是这样写的：刘经理，刚才一位姓陈的先生来电，让您晚上 8:30 在和平桥那里等他。刘经理按时到达指定地点等候，结果迟迟没有等到陈先生。

刘经理不禁想：怎么还没来？究竟陈先生是谁？有什么事儿呢？

（资料来源：作者搜集整理）

请分析如上留言，有哪些不妥当的地方？

点评：酒店前台接电话时没有问清楚来电者的姓名和联系方式，导致刘经理不知道对方是谁。

八、手机礼仪

（一）手机使用基本礼仪

1. 手机的放置

在一切公共场合，手机在没有使用时，都要放在合乎礼仪的常规位置。不要在没使用的时候放在手里或是挂在上衣口袋外。

放手机的常规位置：一是随身携带的公文包里，这种位置最正规；二是上衣的内袋里；有时也可以放在不起眼的地方，如手边、背后、手袋里，但不要放在桌子上，特别是不要对着对面正在聊天的客人。女士则要注意，手机就算再好看和小巧，也不要把它挂在脖子上。

2. 必要时关掉手机

在会议中和别人洽谈时，最好的方式还是把手机关掉或设置成飞行模式，最起码也要调到震动状态，这样既显示出对别人的尊重，又不会打断发话者的思路。在餐桌上，关掉手机或是把手机调到振动状态也是必要的。避免正吃到兴头上的时候，被一阵烦人的铃声打断。

3. 手机的使用要注意场合

注意手机使用礼仪的人，不会在公共场合或座机电话接听中、开车中、飞机上、剧场里、图书馆和医院里接打电话。公共场合特别是楼梯、电梯、路口、人行道等，不可以旁若无人地使用手机，应该把自己的音量尽可能地压低一些，而不是大声说话。在一些场合，比如在图书馆或在剧院打电话是极其不合适的，如果非得回话，采用静音的方式发送手机短信是比较适合的。在与别人谈话时，如有必接的重要来电，应告知对方，并表示歉意。如说出"不好意思，我接个电话"，入座后，应再次表示歉意，并继续话题。

4. 打手机电话前要考虑对方是否方便

给对方打手机电话时，尤其当知道对方是身居要职的忙人时，首先应想到的是，这个时间他（她）方便接听吗？并且要有对方不方便接听的准备。在给对方打手机电话时，注意从听筒里听到的回音来鉴别对方所处的环境。如果很静，应想到对方在会议上，有时大的会场能感到一种空阔的回声，当听到噪声时对方就很可能在室外，开车时的隆隆声也是可以听出来的。有了初步的鉴别，对能否顺利通话就有了准备。但不论在什么情况下，是否通话还是由对方来定为好，所以"现在通话方便吗"通常是拨打手机电话的第一句问话。

5. 能打座机电话就不打手机电话

在没有事先约定和不熟悉对方的前提下，我们很难知道对方什么时候方便接听电话。所以，在有其他联络方式时，尽量不打对方手机。因此，联系不熟悉的人时可先拨打其办公室座机。

6. 工作场合不要用搞笑铃声

不恰当的铃声和彩铃设置会令服务人员失礼于人。在工作场合中，如果响起"爸爸，接电话""汪、汪"这样的手机铃声不仅会显得很不严肃，而且与自身身份也不符。同样，在工作期间，如果有人拨打手机联系公事，却听到"我就不接电话呀，我就不接电话"这样的搞笑彩铃也会令人反感。

（二）使用注意场合

（1）不要在医院或者是飞机上用手机，以免影响医院及飞机上电子设备的运行。

（2）打电话时，需注意有些地方是不允许使用手机的，如加油站、一些

餐馆或酒吧等。

（3）当手机出现未接电话时要及时回复短信或者电话，询问是否有要事等。

虽然手机一类的通信工具方便了人们的生活，但是如何不让"手机癌"不断蔓延，影响酒店服务人员职业形象，还是要注意使用细节。

九、微信礼仪

在现实社会，我们都知道要遵守必要的行为规范，要尽量做个品德优良的人。而在微信聊天中，其实也是要讲"微德"的，让他人愉快，也给自己营造良好的职场环境和社交关系。

（一）正确使用微信礼仪

（1）不传播法律法规禁止的信息。不发暴力等违法内容和图片；不发"八卦消息"。维护网络的清洁环境，我们更需要谨言慎行。

（2）涉及国家和工作单位机密不要乱发。哪怕一对一发也不妥，信息网络时代都有被记录和泄密的可能。

（3）不传播"三俗"信息。过分低级庸俗的内容和图片不宜转发，因为你的作品是你自身品位的客观反映。

（4）不发广告链接和推广其他产品。尤其是虚假和过度夸张的广告，还有拼团砍价的广告链接最好也不要发。

（5）不强制别人转发你的作品，比如，新年转发将走大运、发大财，不转将会如何如何……这是微信交流中的大忌。

（6）不泄露他人隐私。不随意发表未经他（她）人同意、带有个人隐私性质的内容和图片，这些都涉及别人的肖像权。

（7）注意礼尚往来。看到别人的精彩文段和图片意欲转发时，应先"赞"后转，这是礼貌，也是涵养。

（8）朋友圈不发个人生活琐碎和烦恼的事。这既影响朋友们的情绪，浪费朋友们的时间，也会暴露个人隐私。

（9）经常看优质微信文章，领悟其内涵，自己从中会不断有新发现、新感受、新提高、新收获。

（10）别让微信绑架你的生活。再好的东西也是一把双刃剑，把握好尺度才能让微信更好地服务我们的工作和生活，绝不能成为低头一族，影响工作、生活和健康。

（二）使用微信注意事项

（1）一天发朋友圈最好不要超过10条，尤其不要拿大量图片刷屏，要知道很多人是用移动流量看朋友圈的。

（2）如果不是特别忙、特别为难或者完全不想搭理，就尽量早点儿回复别人的消息，因为对方可能正在等待。

（3）红包不要只抢不发还不说话，抢过十次八次就要发一次，实在不想发，起码要道个谢。

（4）不要不停地问"在吗"，问一次之后，有事就可以说了。

（5）加别人好友，一次没通过，第二次最好说明你是谁、要干吗，如果三次都没通过，就别再加了。

（6）一直给你点赞留言的人，如果你不是特别反感他（她），也应主动在其朋友圈点个赞。

（7）朋友闲聊，如果聊得太晚，就别再喋喋不休，问问别人累不累，是不是该休息了。尤其在别人很久都没回你消息的情况下。

（8）不要把跟朋友的私人对话截图到朋友圈。特别想截的话，要么征得其同意，要么去掉其姓名，要么确保不会给朋友带来任何困扰。

（9）不在别人朋友圈里说涉及其隐私的事情，因为还有其他人能看到。

（10）对好的文章或者评论，不要只看不评不转，要尊重朋友的劳动成果，并予以肯定和支持。

（11）不在别人能注视到你的时候查看短信、微信。一边和别人说话，一边查看手机，是对别人不尊重的表现。

（12）不要强迫或胁迫别人转发，如使用"请好心人转发""转疯了""不转不会幸福"等类似的词汇或语言。

（13）尽量少发自拍。

十、训练与实操

（一）握手礼仪训练

1. 训练目的

通过握手礼仪的训练，了解握手礼的应用场合，熟悉握手礼的伸手顺序，掌握握手礼的动作要求。

2. 规范要求

（1）行握手礼时，两人相距一步距离，将手伸过去，四指并拢，拇指张开与对方互握。行握手礼时目光要友好地注视对方，不可东张西望、左顾右盼，同时要保持规范站姿，上体略微前倾（图3-8）。

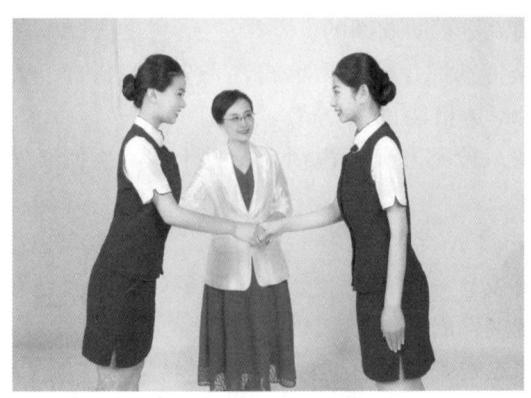

图 3-8 握手的正确姿势

（2）握手的顺序：上下级之间，上级先伸手，下级再伸手；长幼之间，长者先伸手，晚辈再伸手；男女之间，女士先伸手，男士再伸手；宾主之间，客人先伸手，主人再伸手。

3.训练方法

分解训练。两人相对站立，一人先伸手，然后另一个人将手迎上去与对方互握，注意握手的高度与力度（图 3-9）。

两排同学面对面站立，然后同时行走并且与对面同学行握手礼。注意行礼时两个人之间的距离要适宜（图 3-10）。

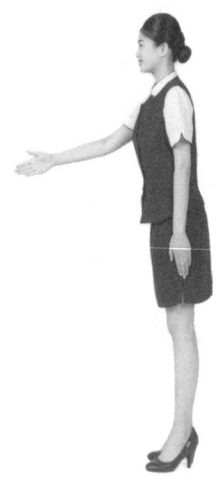 

图 3-9　标准的握手礼动作　　　　图 3-10　握手礼仪训练

男女握手时，注意女士先伸手，男士随后（图 3-11）。

图 3-11　男女握手礼仪训练

4~6 人为一组,由学生扮演不同角色,按照握手礼仪次序规则相互做握手练习。

（二）鞠躬礼仪训练

1. 训练目的

通过鞠躬礼仪的训练,了解鞠躬的应用场合,熟悉鞠躬的动作要求,掌握鞠躬的各种角度,从而更好地体现出对宾客的尊重和重视。

2. 规范要求

行鞠躬礼时要保持身体正直,女士两手相握放于体前,男士两手放在体侧,脚跟并拢,脚尖外展 30~45 度,面带微笑,以腰为轴上体前倾,头、颈、背部成一平面,视线落在斜前方。鞠躬时欠身致意 15 度鞠躬礼,初次见面行 30 度鞠躬礼,告别行 45 度鞠躬礼（图 3-12、图 3-13）。

图 3-12　女士鞠躬礼仪　　　　图 3-13　男士鞠躬礼仪

3.训练方法

学生站成一排,面对镜子原地进行鞠躬训练。训练时注意语言的运用(图3-14)。

图3-14 鞠躬礼仪训练

两排同学面对面站立,一排同学走到对面同学面前行鞠躬礼,另一排回鞠躬礼,注意表情要自然(图3-15)。

图3-15 鞠躬礼仪训练

两排同学面对面站立,然后同时行走并且与对面同学同时鞠躬问候。注意行礼时两个人之间的距离要适宜(图3-16)。

项目三 酒店服务人员服务与交往礼仪

图 3-16 鞠躬礼仪训练

（三）拱手礼仪训练

1. 训练目的

通过拱手礼仪的训练，了解拱手礼的应用场合，熟悉拱手礼的行礼标准，掌握拱手礼的动作要求。

2. 规范要求

（1）行拱手礼时，双腿站直，面容自然，上身直立（一般适于对平辈）或微俯（一般适于对尊长）。

（2）右手五指屈拢，不握实心拳，略有空隙，拇指压在食指上；左手手掌弯曲，覆盖在右手之上，大拇指压在右手拇指之上。注意，通常情况下，男子右手在内，左手在外，遇丧事行礼应相反；女子左手在内，右手在外，遇丧事行礼应相反。

（3）双手握合于胸前约15厘米处，形成一个拱形，两臂如抱鼓伸出，在额头下、胸部上的位置，有节奏地晃动。行礼时，向对方致以问候或说祝福、感谢的话。

3. 训练方法

（1）分解训练。两人相对站立，一方双手互握合于胸前，目视对方，自上而下，或内或外，向对方有节奏地晃动施礼，受礼者同样拱手示意以示友好（图3-17）。

图 3-17 拱手礼训练

（2）行拱手礼，若平辈之间行礼，身体站直不动，晃动手势；若对尊长行礼，身体微俯，晃动手势；距离远用于遥祝时，手可适当抬高，宁高不低，不能低于胸部。

（3）拱手礼，可对单人行礼，也可对多人行礼。若对单人行礼，目视对方，手向对方晃动；若对多人行礼，身体应随手势晃动，转向周围之人，不可始终面对前方，可对每个方向的人晃动手势两三次；此外，也可坐着相互施拱手礼。

拓展训练

世界各国的鞠躬礼

一、引领礼仪训练

（一）训练目的

通过引领礼仪的训练，熟悉引领的位置，掌握引领时的动作要求。

（二）规范要求

引领对方时，通常采用横摆式和斜式的手势动作。

（1）横摆式。手臂向前方抬起，距离上体约 75 度时以肘关节为轴，小臂向身体外侧横摆，大小臂角度约 90 度，上体略微前倾 15 度，目光友好地注视客人。

（2）斜式。手臂从体侧自然抬起与腰髋齐平，掌心与地面的角度约 45 度，上体略微前倾 15 度，目光友好地注视客人。

（三）训练方法

（1）学生站成一排，面对镜子进行练习。

（2）一人站前，一人站后。后面的同学上前引领前面的同学，注意引领的位置（图3-18）。

图3-18　引领礼仪训练

（3）两排同学面对面站立，两边同学同时行走，与对面同学行握手礼，其中一名同学对另外一名同学进行引领。

二、递接礼仪训练

（一）训练目的

通过递接礼仪的训练，了解递接物品在日常交往中的重要性，熟悉递接物品的礼仪要求，掌握递接物品的先后顺序。

（二）规范要求

（1）双手为宜。双手递物与人最佳。不方便双手并用时，也要采用右手递送。

（2）递于手中。递给他人的物品，以直接交到对方手中为好。

（3）主动上前。若双方相距过远，递物者应当主动走近接物者。

（4）方便接拿。在将带有文字的物品递交他人时，还需使物品正面面对对方。

（5）递送尖锐物品时，要尖、刃内向，切勿以尖、刃直指对方。

（6）递接物品时，应面带微笑，目光友好地注视对方。

（三）训练方法

（1）两名同学一组，练习物品递接，注意动作规范和礼仪要求（图3-19）。

图3-19　递接物品礼仪

（2）练习一人向多人递送物品。

（3）可进行递接水杯、文字资料、衣物等的练习。

（4）注意递接双方都应上身前倾15度，体现出主动热情的态度。

思政园地

当今时代，在全球经济一体化和信息共享的网络化背景下，礼仪无处不在，它不仅可以展现个人的风度和魅力，同时也体现着内在学识和文化修养。作为一种文化遗产，礼仪越来越多地影响着各行各业。古有云："人无礼则不生，事无礼则不成，国无礼则不宁。"可见学礼习礼、知礼懂礼的重要性。规范言谈举止，学会待人接物，是酒店服务人员在对客交际过程中体现彬彬有礼的良好个人素养与品质的前提和基础，更是体现敬业乐业的爱岗精神、热情友好的服务态度、履行职业道德的有力保障。

习近平总书记曾指出，传统文化是中华民族思想文化的"根"

与"魂",是民族智慧的精华,蕴藏着极其丰富的精神内涵。因此,弘扬传统文化教育需要学校教育先行发力,不断推进中华优秀传统文化融入校园文化建设,深入挖掘传统文化的育人内涵。它对于学生提高责任意识、养成健全人格、培养民族精神、树立文化自信有着不可估量的价值和意义。

思考与练习

一、单项选择题

1. 一般情况下,距离客人（　　）米时,向客人问候。
   A. 5　　　　　B. 0.5　　　　　C. 3　　　　　D. 1
2. 通常在见面问候、打招呼时施（　　）度左右的鞠躬礼。
   A. 15　　　　　B. 30　　　　　C. 45　　　　　D. 90
3. 在工作中,电话响铃（　　）接起。
   A. 马上接起　　　　　　　　B. 等手头工作忙完
   C. 三声之内　　　　　　　　D. 10秒钟之内

二、多项选择题

1. 尊称的种类包括职称称呼、（　　）等。
   A. 代词称呼　　B. 绰号称呼　　C. 职务称呼　　D. 性别称呼
2. 握手礼的要素包含下列哪几项？（　　）
   A. 姿势　　　　B. 力度　　　　C. 顺序　　　　D. 目光
3. 在服务与交往礼仪中,以下对电梯礼仪描述正确的有（　　）。
   A. 有人控制的电梯应以"以客人先进先出,陪同者后进后出"为原则。
   B. 无人控制的电梯,陪同者后进先出。
   C. 无人控制的电梯,陪同者需控制好按键。
   D. 若电梯可能超员,应请客人先进。

三、简答题

1. 请问交谈六不问原则具体指哪些方面？
2. 语言运用的基本要求和技巧有哪些？
3. 常用的礼貌用语种类有哪些？
4. 鞠躬礼分为哪几类？适用场合有何不同？
5. 致意礼的形式有哪些？请举例说明。

6. 叩指礼大多可在哪些场合使用？

7. 简述使用微信的注意事项。

8. 你是否曾在开会过程中因突然响起的手机铃声感到尴尬？你该怎样摆脱窘境呢？

四、案例分析题

一次难忘握手经历的影响

玫琳凯·艾施（1918—2001）最初是一名推销员。她在一次会议结束后想和经理握手，但由于和经理寒暄的人太多，她排队等候了三个小时。后来，终于轮到她了，可经理在握手时却瞧都不瞧她一眼，而是在看她身后的队伍还有多长。善良的玫琳凯很伤心，虽然她知道经理一定很累，可自己也等了三个小时，同样很累呀！她的自尊心受到了伤害。于是，玫琳凯暗下决心：如果有那么一天，有人排队等着同自己握手，自己一定要把注意力全都集中在对方身上，不管自己有多累！

1963年，玫琳凯自己创办了一家公司。之后，她曾多次站在队伍的尽头同数百人握手，每次都要持续好几个小时。可是无论多累，她总是牢记当年自己握手时受到的冷遇，因此同每一个人握手时都全神贯注，不允许任何事情分散自己的注意力。

玫琳凯让与她握手的人都觉得自己是世界上最重要的人，这对她公司的发展壮大也起到一定作用。

试分析玫琳凯的握手为何充满"魅力"？请阐述理由。

五、实操训练

1. 介绍礼的礼仪要求是什么？并展示介绍礼。

2. 握手礼的标准是什么？并展示握手礼。

3. 分组练习电话礼仪。

参考答案

项目四
酒店各岗位服务礼仪

 项目导读

　　本项目主要讲述酒店各岗位服务人员的服务礼仪,要求学生重点理解服务意识、服务态度、服务流程、服务细节等概念,掌握服务礼仪的规范应用与实操,从而在服务过程中带给客人良好的服务体验,提升酒店的整体服务水平。

学习目标

1. 理解酒店服务人员的为客服务意识。
2. 熟悉酒店各岗位的服务程序。
3. 掌握酒店服务人员规范的服务标准。

思维导图

项目四　酒店各岗位服务礼仪

任务一　酒店服务人员政治素养

> **态度决定一切**
>
> 态度在一个人能否获得成功中占有很大比重，一个人的潜力来自三个方面——知识、技能和态度。无论做什么事情，态度都十分重要。有什么样的心态，就会有什么样的追求和目标。具有积极、乐观心态的人，其人生目标必然高远。有了高远的目标，必然会为之努力，有努力必有回报。
>
> 酒店服务人员除需具有良好的专业知识和技能外，更需要具备端正的服务态度，只有这样才能让平凡的服务接待体现得不平凡。有些服务人员在服务宾客时偶尔会觉得低人一等，这种思想说明其对服务理念没有充分理解，从而出现了服务意识的偏差，在服务中缺乏礼仪意识，对宾客不能提供热情周到的服务，无法使宾客满意。因此，酒店服务人员必须认识到服务是一种尊重，是一种幸福。只有保持阳光的心态，端正态度，勤奋进取，才能做好本职工作，为宾客提供满意的服务。
>
> 态度影响着人们对事物的看法。比如，两个口渴的人面对半杯水，悲观的人会说："真不幸，只有半杯水了。"而乐观的人会说："真好，还有半杯水呢！"引发快乐的原因，并不是水量的多少，而是看待问题的态度。态度可以决定一个人的成长高度，做任何工作，干任何事情，都是如此。一个人的态度决定了他能否把这项工作、这件事情做得更完善、更完美。同时，态度也决定着一个人能否走上更高的职位。

一、树立为客服务意识

服务意识是指酒店全体员工在与一切酒店利益相关的人或组织的交往中所体现的为其提供热情、周到、主动的服务的欲望和意识。

微课 4-1：酒店服务人员政治素养

(一)服务质量

1. 服务质量的定义

服务是酒店向客人出售的特殊商品,既然是商品,就会同其他产品一样具有检验其品质优劣的标准,这个标准就称为服务质量。

2. 服务质量的重要性

服务质量是指酒店为客人提供的服务能满足客人需要的程度,或者说,是指服务能够满足客人需求特性的总和。服务质量对酒店竞争具有决定性作用。对于酒店来说,经营是前提,管理是关键,服务是支柱。服务质量不仅是管理的综合体现,更直接影响着经营结果。

3. 服务质量与服务意识的关系

服务质量的好坏取决于两方面因素:一是物的因素;二是人的因素。其中人的因素尤为重要。酒店全体员工必须树立高度的"顾客"意识,让酒店服务人员以顾客为核心开展工作,以满足顾客需求、让顾客满意为标准,时刻准备为顾客提供优质服务。

(二)服务意识

1. 了解宾客构成

宾客不仅限于购买酒店服务的现实消费者,而是泛指与酒店服务人员直接或间接交往的一切与酒店利益相关的人员或组织。

2. 服务意识的普及性

酒店服务意识不仅是前厅、客房、餐饮等传统的一线员工理所当然应该具备的基本素质,也应是财务、人力资源、工程、安全等职能部门甚至高层管理者必备的素质。酒店的全部员工都应具有强烈的服务意识。

3. 服务意识的时间范围

服务意识不仅是酒店服务人员工作时间必须恪守的准则,也是工作时间之外必须保持的素质。

二、具备乐业敬业精神

(一)敬业为先

所谓敬业就是要以一种严肃、认真、负责的态度对待自己的工作,勤勤恳恳,兢兢业业,忠于职守,尽职尽责。我国古代思想家非常提倡敬业精神,朱熹曾对敬业做了准确的说明:"主一无适便是敬。敬业者,专心致志以事其业者也。"

（二）乐业为需

孔子曾说："知之者不如好之者，好之者不如乐之者。"工作有三种境界，第一种境界，把工作当谋生工具；第二种境界，把工作当事业；第三种境界，把工作当使命。乐于所从事的工作，是比敬业更高一层次的精神境界。

三、团队意识与责任担当

（一）团队意识

团队意识指整体配合意识，包括团队的目标、团队的角色、团队的关系、团队的运作过程四个方面。树立团队意识，需要注意以下几点。

1. 培养员工的团队情感

培养员工对团队的归属感，热爱团队。只有热爱才会发自内心地去维护团队利益，团队情感是凝聚团队员工的无形纽带。

2. 为员工树立共同的目标和利益

团队要重视每个员工的利益，协调好员工之间的利益关系，协调好员工与团队的利益关系，尽量使每个员工的目标和利益与团队的目标和利益一致，使团队成为维护和实现大家利益的共同体。为了共同的目标大家走到一起，就要齐心协力为实现团队目标而努力工作。

3. 扩大参与，加强沟通

要相信下属，发挥大家的智慧和力量为企业献计献策，要为管理者与员工之间、员工之间、管理者之间的沟通和交流积极创造条件，使团队形成上下之间、员工之间诚挚沟通、相互信任、相互合作的良好氛围。

4. 树立团队精神

在工作中既要注意个人能力的发挥，又要注重团队配合，使大家意识到个人失败就是团队的损失。大家时时处处要有大局观念，以团队利益为重，团结协作，共同前进。

（二）责任担当

责任就其词义来讲，就是分内应做的事。责任意识是指人在头脑中始终有自觉做好分内应做的事的想法或意愿。它是做好各项工作的前提条件。

一个有责任意识的人一定会努力、认真工作，听从安排，不会中途放弃，能主动处理好分内与分外的事，不管有没有人监督都能主动承担责任。当工作指派给自己时，不妨视之为一种机遇，采取积极的态度，主动承担起责任来，始终把责任和自己的工作联系在一起，把自己融入工作中，把责任放到首位，以认真负责的态度，尽心竭力做好每项工作。但做好一份工作仅有责任心是不够的,还要具备与自身岗位相匹配的能力,责任与能力要相辅相成、相得益彰。只有坚持不懈,持之以恒,不断地通过学习来提高自己的业务水平和自身的能力素质,使自己始终保持旺盛的斗志和良好的精神状态,才能把责任意识落到实处,取得成效,更好地完成各项工作。如果一个人没有责任意识,即使有再大的能耐也做不出好的成绩来。

担当是一个人责任心的延伸,一个有担当的人是有责任心的人,是能委以重任的人。敢于担当是一种勇气、一种气概。敢于担当,就是在关键时刻、危急关头能冲得上去,撑得起来,发现问题不迁就,遇到困难不回避,面对责任不推诿。

任务二 前厅服务礼仪

一、大堂经理服务礼仪

大堂经理就是酒店或餐饮行业中受总经理委托并代替总经理处理客人对酒店一切设备、设施、人员、服务等方面的投诉,监督各部门的运作,协调各部门的关系,保证酒店、酒楼以正常的秩序向顾客提供优质服务的中层管理人员。他们是酒店的神经中枢,是沟通酒店和客人之间的桥梁,也是酒店服务的形象代表(图4-1)。

图 4-1 大堂经理职业形象

(1)维护酒店大堂秩序和客人安全,保持酒店大堂安静、幽雅的氛围。
(2)发自内心的微笑才会是自然大方的,微笑要由眼神、眉毛、嘴巴、表情等方面的动作协调配合来完成。生硬的、虚假的微笑不可取。

（3）具备良好的气质，和蔼、大方、仪表端庄，性格开朗。
（4）与人交流手势准确，目光有神，笑得真诚。
（5）落落大方地站、坐、蹲、走，收放有度的无声手势，亲切温和的面部表情。

二、迎宾服务礼仪

（1）车辆驶近酒店大门时，应主动上前迎接，用规范的手势引导车辆停靠。
（2）迎送客人时，站立端正，微笑着目视客人。正确使用肢体语言和欢迎、告别敬语。用客人姓名和尊称称呼客人，主动问候。获知客人姓名后，应用姓氏或尊称称呼客人。
（3）回答客人询问时，应有问必答，态度和蔼。
（4）热情地欢迎和欢送所有的客人，要求给客人指引时运用恰当的手势。例如，在给客人指引方向时，要把手臂伸直，手指自然并拢，手掌向上，以肘关节为轴，指向目标。
（5）在指定区域待岗并保持正确的姿态。站立时，身体应与地面垂直，重心放在两个前脚掌上，挺胸、收腹、抬头、放松双肩。双臂自然下垂或在体前交叉；站立时不要歪脖、斜腰、屈腿等，在一些正式场合不宜将手插在裤袋里或交叉在胸前，更不要下意识地做些小动作，那样不但显得拘谨，给人留下不自信的印象，而且也有失仪态。
（6）礼貌有效地处理客人的需求。态度要诚恳、亲切；声音大小要适宜，语调要平和沉稳；尊重他人。

三、行李服务礼仪

（1）迎送客人时，面带微笑，礼貌称呼客人（图4-2）。
（2）接待客人时，应主动迎上前去，用规范的手势引导车辆，为其开启车门，主动引导客人下车，帮助客人提拿行李。
（3）帮助客人提拿行李时，应轻拿轻放、保证完好，尊重客人的意愿。
（4）装卸行李时，应轻拿轻放，数量准确，摆放有序，并得到客人的确认，保证随身行李不离开客人的视线范围。
（5）热情引领客人前往前台进行入住登记时，走在客人的左前方。
（6）客人办理入住登记手续时，应站在1米以外，站姿端正，注视客人，随时等候为客人服务。

（7）引领客人去客房时，应靠边侧前行，并与客人保持适当距离。

（8）进入客人房间帮客人放好行李后，应面对客人退出客房，与客人告别，轻轻关上房门。

（9）客人离店需要行李服务时，应及时为客人提拿行李，并将行李整齐摆放在客人指定的地点。

图 4-2　行李员职业形象示意

四、前台服务礼仪

（1）迎送客人时，站立端正，微笑着目视客人，礼貌称呼客人。见到客人应主动问候，获知客人姓名后应用姓氏或尊称称呼客人。

（2）向客人递送登记表格、签字笔、找零等物品时，应使用双手或托盘，将物品的正面朝向客人，直接递到客人手中。递送带尖、带刃的物品时，尖、刃应朝向自己或朝向他处。递送时，应正确使用肢体语言和礼貌用语。回答客人询问时，应有问必答，态度和蔼。

（3）对住店客人和非住店客人应一视同仁，对客人的光临应致以真诚的谢意，感谢客人提问，欢迎客人再次光临。

（4）客人结账时应将账单、发票装入信封，双手呈递给客人，请客人确认并保证正确无误。

（5）结账完毕，应真诚地向客人表示感谢，欢迎客人再次光临，目送客人离开。

五、总机服务礼仪

（1）接打电话时，应讲普通话及相应的外语，发音清晰，语速适中，音量适宜，力求通过声音传递愿意为客人服务的信息。电话铃响 10 秒内应及时接听电话，先自我介绍，并致以诚挚问候，结束通话时应向客人真诚致谢，确认客人已完成通话后再轻轻挂断电话。转接电话时，如果无人接听或电话占线，应及时告知来电者，并主动提供留言服务。

（2）转接外线电话时，话务员应保护住店客人的私人信息。

（3）提供叫醒服务时，话务员应保证在预定的时间准时叫醒客人。叫醒的语言应简练，语音甜美柔和。

六、商务中心服务礼仪

（1）迎送客人时，站立端正，微笑着目视客人。正确使用肢体语言和欢迎、告别敬语。用客人姓名和尊称称呼客人（图 4-3）。

（2）商务中心提供打印、复印服务时，应将客人的文件码放整齐，注意文件保密，提供迅速、准确的服务。向客人递送文件时，应微笑着注视客人，并用双手递送。

（3）礼貌有效地处理客人的需求：态度要诚恳、亲切，声音大小要适宜，语调要平和沉稳，要表现出对他人的尊重。

图 4-3　商务中心服务员职业形象

七、训练与实操

（一）训练目的

通过对前厅服务礼仪的模拟实训，掌握规范的接待流程及服务标准，规范服务态度和行为举止，体现服务人员良好的职业化形象。

（二）训练方法与内容

（1）学生分组训练。一组学生扮演酒店服务人员，一组学生扮演宾客。

（2）要求扮演服务人员的学生能掌握大堂经理、迎宾员、行李员、前台服务员、总机接话员、商务中心服务员的礼仪规范。

（3）学生展示，教师指导点评。

任务三 客房服务礼仪

一、客房服务礼仪

（一）仪容仪表

客房服务员每日上岗前要检查自己的仪容仪表，统一穿着酒店配发的工装，工装保持干净整洁，规范佩戴铭牌，个人卫生良好，男同事要每日修面，不留胡须，不蓄长发，女同事化淡妆，不留长指甲，长头发应按标准束发，佩戴发网（图4-4）。

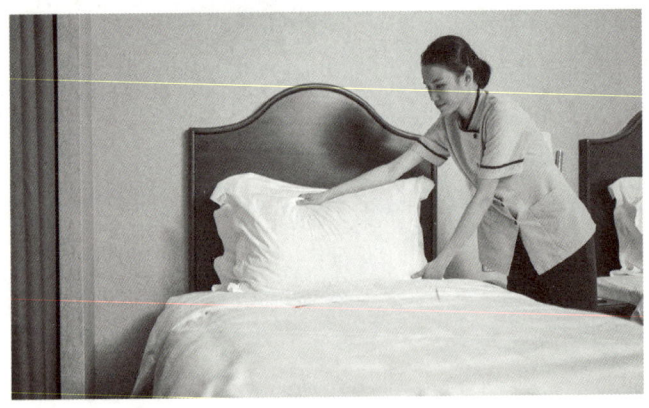

图4-4 客房服务员职业形象

（二）行为举止

客房是客人休息和工作的主要场所。客房服务员在工作的过程中，首先，要做到"三轻"，即"说话轻、走路轻、操作轻"，尽量不要打扰客人；其次，注意礼貌用语，主动问候客人，礼让客人，服务客人落落大方，不做作；最后，要注意保护客人的隐私，不透露客人的个人信息，不打探、不窃听客人谈话，不翻看客人的个人文件及物品；对于客人的遗留物品，及时上交。

（三）客房服务礼仪

（1）客房服务员不能随意进出客人房间。整理房间应尽量避免打扰客人的休息与工作，最好在客人外出时整理；动用客房内的任何一样东西，都应事先征得客人同意。

（2）有事需要进入客房时，必须讲究礼貌。先按门铃两下，未见动静，再用中指关节有节奏地轻敲房门，每次为三下，一般为两次，同时自报"Housekeeping"或"你好，服务员"，在听到客人肯定的答复或确信房间内无人后方可进入。进入客房，无论客人是否在房间，都应将房门敞开。

（3）打扫客房时，不得擅自翻阅客人的物品，打扫完后物品应放回原处，不能随意扔掉客人的东西，如便签、纸条等；不可在客人房间看电视、听音乐；不可在客人的卫生间洗澡；不可取食客人的食品；不得接听客人的电话。

（4）客房清洁过程中遇到客人回来，服务员要礼貌地请客人出示房间钥匙或房卡，确定的确是该房间的客人，并询问客人是否可继续整理。如果客人需要整理，应尽快完成，以便客人休息。

（5）打扫完毕，不要在客房逗留。如客人在房间，离开时应轻声说："对不起，打扰了，谢谢！"然后礼貌地后退一步，再转身走出房间，轻轻关上门。

（6）在楼道中遇到客人，在离客人3米远处开始注视客人，放慢脚步，1米远时向客人致以问候，楼道狭窄时要侧身礼让客人。

（7）在楼道内遇事不要奔跑，以免造成紧张气氛，如有急事需要超越客人应表示歉意。

（8）客人办理退房时，要迅速检查房间，查看有无遗忘遗留物品，房间内的各种配备用品有无损坏或缺失，各种需要收费的饮料食品和物品有无消耗。如果发现遗留物品，应尽可能归还原主，如果客人已走，则按酒店的遗留物品处理规定保管和处理。如果发现物品缺失或损坏，应立即打电话与总台联系，机智灵活处理，不可伤害客人的感情和自尊心。

二、公共区域服务礼仪

（一）个人形象与举止

公共区域服务人员因其特定的工作范围，是出现在客人眼前频率最高的服务人员之一，其个人卫生、仪容仪表、礼貌礼节、行为举止都代表酒店形象，所以公共区域服务人员更要严格遵守酒店的仪容仪表、礼貌礼节行为规范，不断提升个人服务水平，给客人留下良好的第一印象。

（二）操作规范

（1）保持专业的工作状态。清洁公共区域时，服务人员应步履轻盈，动作熟练。遇到客人时应暂停工作，礼貌问候，礼让客人。客人在工作区域谈话时，服务员应礼貌回避。

（2）规范使用清洁工具。服务员应保证清洁工具整洁完好，不乱堆乱放。提拿工具应注意避让客人，提拿方式安全、得当，并符合礼仪规范。

（3）做好安全保障工作。做特定清洁工作时，提前准备好所需的工具和清洁药剂，要先围挡工作区域，设置好告示牌，如有必要先做好相关区域的保护工作；清洁施工过程中要熟练、不拖沓，迅速完成，及时恢复原状。

（三）优质服务

（1）调整心情，保持微笑。始终将最佳的精神面貌展示给客人，发自内心的微笑不但会让自己有一份好心情，同时也能为客人带来愉悦的心情。

（2）主动问候客人。这是公共区域服务人员最基础的礼貌礼节。在公共区域中，要关注到十步周围的客人，停下脚步，面带微笑向客人行注目礼；在客人距离大约五步时，靠侧站立，微笑点头或微鞠躬，向客人问好。

（3）关注区域内的客人。观察客人并及时发现客人的需求，主动提供帮助；如找不到如何去某餐厅或者健身中心、公共卫生间、电梯间等，应主动去问候客人，询问客人找寻的位置，尽量带领客人到达酒店的目的地场所；指引时走在客人的左侧前方两三步处，要不时回头照顾客人，注意与客人的距离。

三、洗衣服务礼仪

（一）客衣的收取礼仪

（1）接到总机通知，客人有洗衣需求时，要立即前往客人房间或客人指定的位置。

项目四　酒店各岗位服务礼仪

（2）面客前要先检查自己的仪容仪表是否符合酒店的规范。

（3）如果房间不是"请勿打扰"状态，按照酒店标准的进门程序，按响房间的门铃；如果是"请勿打扰"状态，请再次让总机与客人确认。

（4）客人开门后，主动向客人问好，并询问洗衣服务；经客人允许后进入房间。

（5）与客人一起当面清点衣服的件数，并询问客人的洗涤要求和送回时间，根据客人的要求介绍酒店相应的洗衣服务内容和价格，协助客人填写洗衣单。

（6）检查客人衣物的口袋是否有遗留物品。

（7）告知客人洗衣送回的大致时间，礼貌地和客人告别。

（二）客衣的送回礼仪

（1）将洗涤熨烫好的衣物，按照约定时间送回客人房间。

（2）遵照酒店进门程序，按响门铃。

（3）主动向客人问好，并说明来意。

（4）在客人的允许下，将衣物为客人挂回衣柜，或者放置到客人指定的地方；并将账单给客人。

（5）询问客人是否有其他需要，如果没有，礼貌地和客人道别后退出房间。

（6）如果送还衣物时客人不在房间，则将衣物和账单袋在衣柜里挂好，在衣柜门把手上挂好提示牌，提示客人洗涤的衣物已送回，在衣柜内。

四、训练与实操

（一）训练目的

通过客房服务礼仪训练，掌握在服务中服务客人的规范礼仪，并针对在服务中不同情况下对客服务的礼仪要求和标准，使理论与实际操作很好地融合，以达到知行合一的学习模式。

（二）训练方法与内容

（1）迎客训练。学生分组练习微笑、问候、鞠躬礼。

（2）引领训练。学生分组练习引领客人及不同手势礼仪的使用。

（3）进、出客房训练。分组练习进、出客房礼仪，敲门、问候、询问礼仪，规范使用礼貌用语和手势礼仪。

（4）学生展示，教师指导点评。

任务四　餐厅服务礼仪

一、咖啡厅服务礼仪

（一）迎宾
（1）站立于接待处，面带微笑（图4-5）。
（2）当客人走到餐厅门口时，趋步向前主动打招呼。
（3）询问人数及是否有预订。
（4）询问吸烟还是非吸烟。
（5）询问用自助餐还是点餐。
（6）主动询问客人是否有餐券。

（二）带位
（1）走在客人前方1米处，并不断回头照顾客人。
（2）边走边用手指示方向。
（3）询问客人喜欢哪个座位。
（4）带客人到满意座位。
（5）把客人情况介绍给当区服务人员。

（三）服务入座
（1）服务人员看到客人进入区域主动上前，并为客人拉椅子。
（2）如果客人要脱外套，则主动替客人拿走挂好。
（3）做手势请客人落座。
（4）客人将要落座时将椅子向前轻推。

（四）服务餐巾
（1）早餐服务不需要为客人铺餐巾。
（2）客人落座后，站在客人的右侧，提起折好的餐巾压平后放在左边的面包盘上。

（五）服务咖啡/茶
（1）问客人喜欢喝咖啡还是茶。
（2）按客人选择准备饮品，左手拿起折好的口布，右手拿咖啡壶/茶壶站在客人右侧，将咖啡/茶倒入杯中。
（3）倒咖啡/茶时只需注入七分满的量。

（4）每倒一次壶口都要擦拭一下，以免饮品滴到客人身上或桌面上。
（5）请客人慢用。

图4-5 服务人员为客人倒咖啡/茶

（六）收餐盘服务

（1）客人将刀叉并拢摆放或是将餐具放回垫布上时，则表示已用餐完毕，可以收餐盘。
（2）客人取食物回来时为客人拉椅子，重新为客人铺好餐巾。
（3）收拾汤碗、面包盘时用托盘，由右侧服务。
（4）收餐盘时要礼貌地询问客人是否可以收餐盘，征得客人同意后再收。

（七）添加咖啡/茶服务

（1）当服务人员看到客人咖啡/茶少于1/3杯时，要主动上前帮客人添加。
（2）站在客人右边进行服务。

（八）牙签服务

（1）当客人即将用完餐时，将事先预备好的牙签盅放入服务托盘。
（2）请客人慢用，站在客人右侧，将牙签盅放在餐桌中央。
（3）牙签盅必须干净、无破损。
（4）牙签必须充足，一般为8~10根。

（九）清理台面

清洁餐桌时站在客人左侧，当客人停止用餐后，征得客人同意清洁客人

餐桌。

（十）结账服务

（1）检查台号、数量、价格等是否正确无误。

（2）账单、笔放入账单夹内呈送到客人面前。

（3）现金结账。当着客人的面核对客人所付现金，请客人稍等，将现金连同账单一起送到收款台，检查收款员找零，及时将零钱、发票用账单夹还给客人。

（4）及时将零钱、发票用账单夹还给客人。确认信用卡后放入账单夹内，将信用卡送给收款员刷卡，核对信用卡钱数与账单相符，将账单与信用卡单一同交给客人签名，经收款员核对签名后将信用卡及信用卡单一同交给客人。

（5）挂房账。将账单呈递给客人，请客人在账单指定地方签房间号及正楷签名并出示房卡，核对客人签名及房号是否正确，感谢客人，并欢迎客人下次光临。

（6）已收取餐券的客人，则不需要结账。

（十一）欢送客人

（1）客人起身后，帮客人拉椅子以便客人离开。

（2）该区员工应尽量列队欢送。

（3）如有遗留物品，则立即追去送还客人。

（4）目送客人并随行至大门入口处。

二、中餐及宴会服务礼仪

（1）客到微笑鞠躬问好，例如"中午好，×××先生/小姐，欢迎光临×××餐厅"（图4-6）。

（2）主动上前拉椅让座、派香巾、落席巾、脱筷套。

（3）为客人斟茶时说"请品茶"。

（4）收毛巾、上小食。

（5）为客人点菜时积极推销菜式、点心、酒水，当好客人的参谋，并复述客人所需。

（6）上杯具应手拿下半部分，斟酒时商标对着客人。

（7）上菜时报菜名，有配料的菜式先上配料。

（8）分汤、菜应在分餐车上完成操作。

图 4-6　中餐服务

（9）先女士后男士、先宾后主。

（10）及时撤换骨碟，添加酒水、茶水。

（11）上汤、带壳（上洗手盅）或手吃的食品时上小毛巾。

（12）留意客人的动态和需要，勤于巡视，勤于服务，操作要轻，服务于客人开口之前。

（13）保持台面、工作台面和地面整洁。

（14）上最后一道菜时，告知客人菜已上齐，并征询客人上主食的时间。

（15）上完菜后主动介绍甜品及水果。上甜品及水果前收撤碗筷或更换骨碟。

（16）就餐完毕上热毛巾，尽快撤走不需要的餐具。

（17）主动征求客人的意见。

（18）提前清点酒水，核对点单。

（19）客人结账时当面点清钱款，唱收唱付，多向客人道"谢谢"。

（20）客人离席主动拉椅子，引领客人到餐厅门口，和迎宾员一起鞠躬送客道："×先生/小姐，多谢，欢迎再次光临"。

三、西餐服务礼仪

(一) 迎宾

(1) 站立于接待处,面带微笑。
(2) 当客人走到餐厅门口时,趋步上前主动打招呼。
(3) 询问人数及是否有预订。
(4) 询问吸烟还是非吸烟。
(5) 询问用自助餐还是点餐。
(6) 走在客人前方1米处,要不断回头照顾客人。

(二) 服务入座

(1) 服务人员看到客人进入服务区域,应主动上前进行领位,为客人拉开座椅。
(2) 如果客人要脱外套,则主动替客人拿走挂好。
(3) 做手势请客人落座。
(4) 客人将要落座时轻向前推椅。

(三) 铺餐巾

(1) 站在客人右方,提起折好口布,侧身轻轻展开(图4-7)。

图4-7 西餐服务

（2）将口布对折成三角形。

（3）回身将口布轻轻帮客人铺上。

（四）服务冰水

（1）客人入座完成后，从服务台拿起冰水壶。

（2）从客人右方趋步向前服务，倒入冰水，不得太高太急，壶嘴与杯口不能超过5厘米。

（3）每次倒水以八分满为宜。

（4）倒完收回后用左手的干净口布擦拭壶身，以免水滴滴下。

（五）酒水单和菜单

（1）服务完冰水后，服务员主动呈递酒水单及菜单。

（2）主动为客人介绍酒水单和菜单。

（3）主动询问客人有没有禁忌。

（4）派送菜单时左手拿住菜单的中上部，双手呈递，从客人的右侧为客人呈递。

（5）以此方式先女士后男士，以顺时针方向服务。

（6）退后一步，在客人的左手边站立等候。

（六）推销酒水、菜式

（1）待客人看过饮料单和菜单后，征求客人意见，为客人点单。

（2）推销时要视客人的消费能力进行推荐。

（3）客人点完酒水和主食后询问客人主食出餐时间。

（4）重复客人点单。

（5）征求客人同意，收回酒水单和菜单。

（七）入单

（1）落单时注明台号、人数、专案及数量。

（2）每项后面注明座位号。

（3）客人所点的菜品后面要注明出餐时间。

（八）服务饮料/酒水

（1）按所开立之酒水单至酒水吧台拿取饮料，并随手携圆托盘前往。

（2）如有附带之备品，如吸管、杯垫等，请一并带齐。

（3）用托盘传送饮料及备品。

（4）先正确放置杯垫于客人桌面，再将饮料置放于杯垫上。

（5）附带之备品要按标准定位摆放。

（6）如客人点酒水则按各种酒水的服务程序提供服务。

（九）收空盘

（1）如客人将刀叉并拢放置，或是将餐具放回垫布上，则表示就餐完毕，服务员就可以收餐盘。

（2）客人取食物回来时为客人拉椅子，重新为客人铺好餐巾。

（3）收拾汤碗、面包盘时用托盘，由右侧服务。

（4）收空盘时要注意安全，保持好平衡，以防空盘滑落，以免影响客人用餐。

（5）收回的盘子拿到工作台，统一送去洗碗间清洗。

（十）传菜

（1）按照客人所规定的时间准备好主食。

（2）传菜员出餐前，认真检查菜肴数量、菜式是否正确，配料是否齐全。

（3）将菜肴及备品、佐料置于长托盘上，如使用底盘的菜式注意平衡摆放，避免滑落。

（十一）上菜

（1）依领位所标之座位号，将正确的菜式上给客人。

（2）楼面服务员上菜前先打开保温盖。

（3）介绍所上菜名，由客人右侧上菜。

（4）上菜时用右手四指托住盘底，大拇指不能碰到盘子里面。

（5）如是双耳盘、碗，则要将双耳平行于桌面摆放。

（6）有碟头的菜式则要将碟头摆在上方，主食靠近客人。

（7）五指并拢，做手势请客人慢用，微笑走开。

（8）上菜之后要于点菜单上注销，表示菜肴已上。

（9）客人所点套餐要按照程序一道一道上。

（十二）更换烟灰缸

（1）准备干净的烟灰缸放置于圆托盘上，确认烟灰缸没有破损并已擦干。

（2）左手拿托盘，放置干净的烟灰缸。

（3）趋步向前，用右手拿起一个干净的烟灰缸。

（4）放在脏的烟灰缸上面，如有未抽完的香烟，则将烟摆于托盘上的干净烟灰缸上，用另外一个干净的烟灰缸去盖上脏的烟灰缸。

（5）将盖好的一脏一净的烟灰缸同时放回左手托盘上。

（6）将另外一个干净的烟灰缸摆回桌上指定地点后微笑离去。

（7）缸内烟头不能超过两根。

（十三）添加冰水/饮料

（1）当服务人员看到客人冰水少于一半时要主动上前帮客人添加。

（2）当客人面前饮料将要喝完时要主动询问是否需要再点一杯。

（3）站在客人右侧进行服务。

（十四）清理台面

（1）当客人停止用餐后，征得客人同意清洁客人餐桌。

（2）首先站在客人右侧，左手举托盘，右手将台面上用过的餐具整齐分类放入托盘，台面上只留花瓶、糖盅、胡椒盐瓶、烟盅及客人的水杯。清洁餐桌时站在客人左侧，左手拿面包盘，右手用抹布清理桌面。

（3）此时询问客人餐后饮品是喜欢咖啡还是茶。

（十五）收集客人意见

（1）准备客人意见调查表，于客人用餐后将意见表呈给客人填写。

（2）填完后与客人交换名片。

（3）收齐意见调查表，交给餐厅经理/副经理。

（4）每星期分析统计意见。

（5）提出应对政策及改进方法。

（十六）结账

（1）检查台号、菜品数量、价格等是否正确无误。

（2）账单、笔放入账单夹内呈送到客人面前。

（3）礼貌热情地引领客人到结账台。

（4）结账员主动询问结账方式，是用现金、信用卡还是挂房账。

（5）办理完结账，主动表示感谢，并欢迎客人下次光临。

（十七）欢送客人

（1）客人起身后，帮客人拉椅子以便客人离开。

（2）该区员工应尽量欢送客人。

（3）如有遗留物品，则立即追去送还客人。

（4）表示感谢，目送客人并随行至大门入口处。

四、训练与实操

（一）训练目的

通过对餐厅服务中规范礼仪的模拟实训，掌握咖啡厅服务、中餐服务、西餐服务规范接待流程和标准服务要求，以及温馨亲切的服务态度和行为举止，体现服务人员良好的职业化形象。

（二）训练方法与内容

（1）学生分组练习，分别扮演酒店服务人员和用餐客人。

（2）学生要掌握咖啡厅服务、中餐服务、西餐服务礼仪规范。
（3）分组练习送咖啡、送水服务。
（4）分组练习迎客、引领客人入座服务。
（5）分组练习送客服务。
（6）学生展示，教师指导点评。

任务五　康乐服务礼仪

一、健身房服务礼仪

（1）接待时，主动问候客人，带领客人参观并介绍设施设备用法。
（2）巡视时，讲解示范动作，带领客人科学健身；健身高峰，耐心引导；认真巡视，随时指导，注意安全。

二、游泳池服务礼仪

（1）游泳池更衣服务礼仪：规范引领，打开柜门；主动回避，提供钥匙；耐心等待，切忌催促；帮助开柜，热情服务；物品提示，主动道别。
（2）游泳池巡视服务礼仪：提示淋浴，消毒设备；认真巡视，快速反应；仔细观察，主动劝阻；特别提示，注意安全。

三、水疗房服务礼仪

（1）水疗房接待礼仪：主动问候客人，带领客人参观并推荐水疗项目。介绍水疗房间内设施设备的用法时，应站在客人侧前方。
（2）水疗房服务礼仪：询问客人房间内灯光、温度、音乐是否合适。随时关注客人身体反应，并及时调整手法。

四、训练与实操

（一）训练目的

通过对康乐服务中规范礼仪的模拟实训，掌握健身房服务、游泳池服务、

项目四 酒店各岗位服务礼仪

水疗房服务规范接待流程和标准服务要求,以及温馨亲切的服务态度和行为举止,体现服务人员良好的职业化形象。

(二)训练方法与内容

(1)学生分组练习,分别扮演康乐服务人员和客人。

(2)学生掌握健身房服务、游泳池服务、水疗房服务礼仪规范。

(3)学生展示,教师指导点评。

任务六　酒店其他岗位服务礼仪

一、酒店管理人员服务礼仪

(1)管理人员应忠于职守,率先垂范。

(2)在酒店内一律使用普通话。

(3)仪表整洁、着装得体,使用气味清新淡雅的香水。

(4)在公共场所时,应注意个人的语言运用,凡事均使用文明、礼貌用语。

(5)在酒店大堂、办公室等场所接待宾客时,要注意自己的站姿、坐姿、走姿、语言、语调等方面的外观形象,处处表现出良好的修养和风度。

二、酒店营销人员服务礼仪

(1)客户到访时,应该放下手中事情起身相迎,当客户落座后自己方可坐下。

(2)初次拜访客户时,坐在座椅前1/3处;拜访老客户时,可落在座椅的2/3处;不得倚靠椅背。

(3)女士落座时,应用双手将裙子向前轻拢,以免着装显得不雅。听人讲话时,上身微微前倾或轻轻将上身转向讲话者,用柔和的目光注视对方,根据谈话的内容确定注视时间长短和眼部神情,不可东张西望或显得心不在焉。

(4)两手可放在两腿间或平放桌面,不要托腮、玩弄任何物品或做其他小动作。两腿自然平放,不得跷二郎腿,男士两腿间距可容一拳;女士两腿应并拢,脚不要踏拍或乱动。

(5)从座位上站起,动作要轻,避免引起座椅倾倒或出现响声,一般应从座椅左侧站起。离位时，要将座椅轻轻抬起，再轻轻落下，忌拖或推椅。

（6）无论在任何地方遇到客户，都要主动让路，不可强行。在单人通行的门口，不可两人挤出挤进，遇到客户或同事，应主动退后，并微笑着做出"您先请"的手势。

（7）在走廊行走时，一般不要随便超过前行的客户，如需超过，首先应说"对不起"，待客户闪开时说声"谢谢"，再轻轻穿过。和客户、同事对面擦过时，应主动侧身，并点头问好。

（8）给客户做向导时，要走在客户前两步远的一侧。

（9）如确有急事或接电话而需离开与客户的会面现场时，必须讲"对不起，请您稍等"，并尽快处理完毕后归位。

（10）如果要与客户谈话，要先打招呼，如正逢客户在与别人谈话，不可凑前旁听。

（11）当客户在电话中提出问询或查询时，不仅要礼貌回答，而且应尽量避免使用"也许""可能""大概"之类语义不清的回答。不清楚的问题应想办法搞清楚后，再给客户以清楚明确的回答。通话完毕时，要礼貌道别，并待对方挂断后再轻轻放下话筒。

（12）客户提出过分要求时，应耐心解释，不可发火、指责或批评客户，也不得不理睬客户，任何时候都应不失风度，并冷静妥善地处理遇到的问题。

三、酒店商品销售人员服务礼仪

1. 仪容仪表着装礼仪

（1）男士应穿着深色职业套装，搭配暗色领带；穿着浅色衬衫，避免佩戴过多的配饰。皮鞋整洁干净，穿深色袜子，保持衣物平整。

（2）女士应穿着深色职业套装，如搭配裙子，则裙长及膝，上衣长袖为宜。穿着深色皮鞋，搭配黑色或肉色丝袜。保持发型干净利落，配饰简洁大方；宜化淡妆，不涂夸张的指甲油，适当喷香水。

2. 举止礼仪

（1）站姿。良好的站姿应挺胸收腹，颈项挺直，头部端正，微收下颌。面部自然微笑，目视前方。身体保持平衡，双臂自然下垂或两手握在腹前；女士站立时，两脚呈V字或丁字形；男士站立时两脚与肩同宽，身体平稳。

（2）走姿。良好的走姿能够显得体态轻盈，充满朝气。走路时注意抬头挺胸，步履轻盈，目光前视，步幅适中。切忌大步流星，严禁奔跑（紧急情况除外），也不可脚擦地板行走。双手和身体应随节律自然摆动，不要驼背、

项目四　酒店各岗位服务礼仪

低头、扭腰、扭肩等；多人同行时，避免排成横队、勾肩搭背、边走边大声说笑。无论在为客人做向导时，要走在客人前2步远的一侧，以便随时解说和照顾客人。任何地方遇到客人，不可抢行，应主动为客人让路。在公共区域行走时，员工应靠一边行走，不可在走廊中间大摇大摆。如需要超过前行的客人，应首先说"对不起"，待客人闪开时表示"谢谢"，再轻轻穿行。

（3）眼神。眼睛看对方眼睛或嘴巴"三角区"；注视时间占交谈时间的30%~60%；长时间凝视是一种无礼行为；眼睛转动的幅度要适当控制，可给人聪明、有活力的感觉。

（4）手势。手势的上界不应超过对方视线，下界不应低于自己的胸区，左右摆动范围不应太宽，应在胸前或右侧进行。在与人交谈时，手势幅度不宜过大，次数不宜过多。多用手掌做指示而不是用手指。

3. 与客人沟通

（1）客人到访时，应放下手中事情上前相迎，主动询问是否需要帮助。

（2）客人需要购买的产品缺货时，应主动询问客人信息，给出到货时间，跟进联络；或推荐同类型的其他产品。

（3）客人如需在两种类型产品中做出选择，销售人员应详细介绍每种产品的卖点，请客人根据自己的实际爱好和需求做出选择。

（4）客人购买物品较多，不方便携带时，应主动协助客人提拿物品，必要时帮助装车；若客人无自备车，可协助叫车或选用其他送货方式。

（5）包装商品时，应在包装前与客人共同确认商品的完好性，并使用酒店专用包装袋封装。

（6）客人离开时：微笑表示感谢客人的来访，同时将客人送至门口；在忙碌时，可目送客人离开，表示感谢。

4. 沟通交流注意事项

（1）讲普通话，语言流利、准确。

（2）交谈中善于倾听，不随意打断他人谈话，不鲁莽提问。

（3）与客人交谈应保持诚恳、热情、不卑不亢。

（4）不应在接待客人时接听私人电话。

（5）避免强势推销，要顾及客人感受。

（6）注意谈话分寸，适当真诚的赞美有助于拉近与客人的距离；不宜过于夸张地赞扬酒店产品。

（7）探求客人需求时，应表现得谦恭自然，使用"您认为"或"您觉得"来询问；注意不可刨根究底，咄咄逼人。

（8）不过于问及隐私信息，如年龄、收入、婚姻状况、信仰、健康状况等。

5. 礼仪禁忌

（1）注重个人卫生。

（2）切忌与客人讲话时做不雅动作，如整理衣服、拨弄头发、摸脸、挖耳朵、挠痒、敲桌子等。

（3）身体不停抖动或晃动会显得漫不经心。

（4）交谈时经常看手表会显得非常不耐烦。

（5）避免当着客人的面打哈欠、伸懒腰，使客人感觉精神不佳，不耐烦，懒散且目中无人。

（6）避免当众照镜子。

（7）避免交叉双臂抱在胸前，表现出傲慢的神态。

思政园地

酒店服务人员的基本素养

良好的职业道德是一名酒店服务人员必须具备的职业素养之一，是对员工的最普遍、最基本的道德要求，也是做好各项工作的前提和基础、个人发展必备的条件之一。

良好的职业道德能帮助服务人员热爱自己所从事的酒店行业，端正学习、工作态度，提高履行职责和刻苦钻研业务的自觉性，增强自己的服务技能，为客人提供高质量的服务。

服务意识是指酒店服务人员表现出的热情、周到、主动为客人提供良好服务的意识和行为，是提高酒店服务质量的关键。

酒店的人际关系较为复杂，在酒店服务中，酒店服务人员需要处理好与客人、同事、上下级的关系，这就需要酒店服务人员具备较强的交流沟通意识，掌握交际沟通的原则。具备良好的沟通交流的技巧与能力，积极与同事、上下级交流，及时化解人际关系中的误解与矛盾，学会倾听不同的意见、建议。服务过程中出现一些问题也需要员工用恰当的方式方法主动去沟通协调，从而使其在复杂多变的社会交往中建立良好的人际关系，有效地开展工作，取得事业的成功。

项目四 酒店各岗位服务礼仪

思考与练习

一、单项选择题

1. 客人办理入住登记手续时,行李员应站在( )米以外。
   A. 1 米　　　B. 2 米　　　C. 3 米　　　D. 4 米

2. 引领客人前往接待台进行入住登记时,行李员应在客人( )方行走,时常用规范的手势示意客人前行的方向。
   A. 正前方　　B. 左前方　　C. 正后方　　D. 右后方

二、多项选择题

1. 服务质量的好坏取决于几个方面的因素,即( )。
   A. 物　　　B. 人　　　C. 事　　　D. 其他因素

2. 客房服务员在工作的过程中首先要做到"三轻",即( ),尽量不要打扰到客人。
   A. 说话轻　　B. 走路轻　　C. 操作轻　　D. 动作轻

三、简答题

1. 服务质量定义是什么?
2. 什么是敬业?
3. 请谈一下如何理解酒店服务人员的责任与担当。
4. 你认为酒店服务人员为什么要具备良好的政治素养?

四、案例分析题

用心服务定能得到认可

一次,王先生一家乘坐出租车到达×××大酒店,车刚停下,酒店接待人员小张立刻主动上前为其一家人开车门,帮忙搀扶老人,招呼充满好奇心的小朋友,引领他们到酒店前台办理入住,王先生一家对小张的热情服务非常满意,连声道谢。王先生说:"希望我下次来时还能遇到你。"心底的满足感使小张露出了甜甜的笑容。为客人着想,定能得到客人的认同和肯定。

试分析打动王先生的是小张的哪些服务细节?

五、实操训练

1. 分组练习前厅服务礼仪。
2. 分组练习行李员服务礼仪。
3. 分组练习客房服务礼仪。

4. 分组练习宴会服务礼仪。

5. 分组练习西餐服务礼仪。

参考答案

项目五 国际接待与服务礼仪

 项目导读

伴随着国际交往活动增多,酒店服务人员了解国际交往中应当遵循的惯例,熟知国际礼仪,避免因文化、习俗的差异而产生的服务工作中的不便与矛盾,已成为必然要求。

本项目介绍了国际交往活动和各类仪式的礼仪要求,国际交往中的基本通则、风俗礼仪;明确了国际交往接待礼仪、会议服务礼仪的程序和基本规范。通过学习这些国际交往礼仪知识,学生在国际交往活动的服务工作中能够表现出对世界各国来宾的尊重及服务礼仪风范。

学习目标

1. 了解国际交往活动和仪式的礼仪要求、国际惯例。
2. 熟悉国际交往中的基本通则、各国的风俗礼仪。
3. 掌握国际交往接待礼仪、会议服务礼仪的程序和基本规范。

思维导图

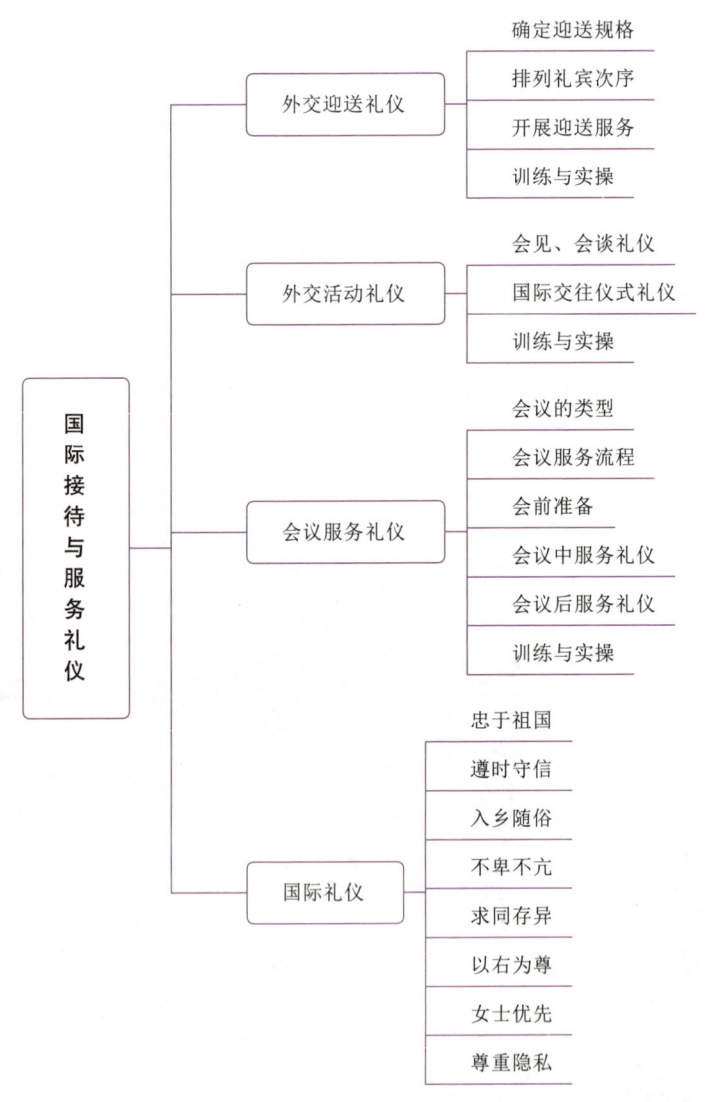

任务一 外交迎送礼仪

思政导航

让世界看到自信从容的中国——从北京冬奥会看文化自信

2月4日,立春日,冬奥开幕夜,四季始轮回。

开幕式上,二十四节气倒计时环节将中华文化的瑰丽与智慧展现得淋漓尽致,饱含冬去春来、欣欣向荣的诗意,投射出中国人的生命观、价值观和宇宙观,刚一亮相就惊艳全场,甚至整个互联网世界。

火炬"飞扬"取自"道法自然,天人合一"的哲学理念,"黄河之水"倾泻而下极具浪漫色彩,五环"破冰而出"彰显心系天下的博大胸怀……充满新意的开幕式以直抵心灵的人文情怀,让世界领略到了中华文化和奥林匹克的和合共生,感受到了新时代中国自信开放的大国气象。

何止开幕式。中华文化标注出北京冬奥会的深厚底蕴,赛场尽显"国风潮流"。

当冬奥会与传统佳节"撞个满怀","冰立方"等场馆在互动环节,结合民俗现场组织起游戏,观众欢笑不断,现场洋溢着喜庆气息;颁奖时刻,穿戴"瑞雪祥云""鸿运山水""唐花飞雪"服饰的礼仪人员托起宛如同心圆玉璧的冬奥奖牌,古老文明与奥林匹克于方寸间交相辉映。

从服饰到配乐,从竞技到颁奖,文化之美与运动之美在冬奥赛场竞相绽放。全世界观众在观看冰雪赛事的同时,共同欣赏着中华文化的灵动与厚重。

在北京冬奥会开幕式的舞台上,中国传统文化、人文自然、现代科技完美融合,向世界讲述了"美美与共,天下大同"的人类命运共同体理念,向世界展示出中国深层次的文化自信,进一步地推动中国文化走向世界。这是中国的辉煌,更是中国人民的骄傲。中华文化闪耀冬奥舞台,中国以坚定的文化自信,同时以海纳百川的胸襟兼容并蓄,充分吸收外来优秀文化,架起同世界各国文明交流互鉴的桥梁。如今的中国,拥有双奥之城,这是世界对中国的肯定,是我国繁荣昌盛的体现。对于每一位中国人而言,这是一场生动而又别开生面的爱国主义教育课。

（资料来源：新华社北京2022年2月18日文章，经改编）

微课5-1：
外交迎送礼仪

迎接和欢送是国际交往中最常见的礼节。国际交往接待活动是否符合国际礼宾惯例，关乎国家在国际上的声誉和尊严。对外宾的迎送活动，关乎其对被访国家的第一印象和最后印象。为了做好接待服务工作，我们需要事先了解对方的信息，制订具体详尽的接待方案，确定接待规格和主要活动的安排日程。每一位参与接待服务的工作人员都需要学习和掌握国际交往中的接待礼仪知识。

一、确定迎送规格

俗话说，"没有规矩，不成方圆"。在国际交往接待服务工作中，首先需要确定迎送人员的规格，以免出现身份不相称的人员接待的情况。接待规格，通常是由来访者的身份及活动的重要程度等因素决定的。

（一）官方迎送

接待准备工作主要由外事部门负责，外事部门应根据有关资料制订具体详尽的接待方案，确定接待规格。对外宾的迎送规格，一般应按常规办事，主要是依据来访者的身份和访问目的，考虑到两国关系的现状及发展趋势加以确定。通常，主要的迎送人员要与来访者身份相当，主人的身份不能与客人相差太大，并尽可能与来访者对口、对等。

比如，外国国家元首、政府首脑正式访问的，其迎送仪式一般由身份相当的领导人和一定数目的高级官员出席，有的还要通知各国（或部分国家）驻该国使节参加；长期在本国工作的外国人士和外国使节、专家等到任、离任时，本国有关方面亦应安排相应人员迎送。

（二）民间迎送

迎送民间团体时，不举行官方正式仪式，但需根据客人的身份、地位，安排对口部门、对等身份的人员前往接待。一定要精心选择迎宾人员，数量上要加以限制，身份上要大致相仿，职责上要划分明确。

二、排列礼宾次序

礼宾次序是指国际交往中对出席活动的国家、团体、各国人士的位次按某些规定和惯例进行排列的先后次序。一般来说，礼宾次序体现东道国对各国来宾所给予的礼遇，在某些国际性的集会上则表示各国主权地位的平等。礼宾次序的排列虽然在国际上已有一定惯例，但各国做法不尽相同。常用的排列方法有以下3种。

（一）按身份与职位高低排列

这是礼宾次序排列的主要根据。官方活动通常是按身份与职务的高低安排礼宾次序，如按国家元首、副元首、政府首相、部长、副部长等顺序排列。各国提出的正式名单或正式通知是确定职务高低的依据，由于各国的国家体制不同，部门之间的职务高低也不尽一致，要根据各国的规定，按相应的级别和官衔进行安排。多边活动有时按其他方法排列。无论按何种方法排列，都应考虑身份和职务高低的问题。

（二）按国家名称的字母顺序排列

多边活动中的礼宾次序也常按参加国的国名字母顺序排列，一般以英文字母排列的情况居多，如国际会议、体育比赛等。对于第一个字母相同的国家则按第二个字母排列，以此类推。联合国大会的席位次序也按英文字母排列。但是，为了避免一些国家总是占据前排席位，就每年抽签一次决定本年度大会席位以哪一个字母打头，以便让各国都有排在前列的机会。在国际体育比赛中，体育代表团（队）名称的排列和开幕式出场的顺序一般也按国名字母排列，东道国一般排在最后。体育代表团观礼或召开理事会、委员会等，则按出席代表团团长的身份高低排列。

（三）按通知代表团组成的日期先后排列

一些国家举行的多边活动，按通知代表团组成的日期先后排列礼宾次序，这也是国际上经常采用的一种方法。东道国对同等身份的外国代表团按派遣国通知代表团组成的日期排列，或按代表团抵达活动地点的时间先后排列，或按派遣国决定应邀派遣代表团参加该活动的答复时间先后排列。究竟采用何种方法，东道国在致各国的邀请书中都应加以说明。

在实际工作中，礼宾次序的排列常常不能按一种方法进行，而是几种方法交叉使用，并考虑其他因素，包括国家间的关系、地区所在地、活动的性质与内容、对于活动的贡献大小，以及参加活动者在国际事务中的威望、资历等。对同一级别的人员，常把威望高、资历深、年龄大者排在前面。有时还要考虑业务性质、相互关系、语言交流等因素。总之，对于礼宾次序安排工作，要全面、周到、细致、耐心、慎重地考虑，设想多种方案，以避免因礼宾次序方面的问题引起不必要的外交误解或麻烦。

案例 5-1

重要的礼宾次序

1995年3月,联合国社会发展世界首脑会议在丹麦哥本哈根召开,出席会议的有近百位国家元首和政府首脑。3月11日,与会的各国元首与政府首脑合影。按照常规,应该按礼宾次序名单安排好每位元首、政府首脑所站的位置。首先,这个位次怎么排,究竟根据什么原则排列?哪位元首、政府首脑排在最前?哪位元首、政府首脑排在最后?这项工作实际上很难做。丹麦和联合国的礼宾官员只好把丹麦首脑(东道国主人)、联合国秘书长、法国总统及中国、德国总理等安排在第一排,而对其他国家领导人,就任其自便了。会议结束后,有人向联合国礼宾官员"请教",收到这样的答复:"这是丹麦礼宾官员安排的。"向丹麦礼宾官员核对,该官员回答说:"根据丹麦、联合国双方协议,该项活动由联合国礼宾官员负责。"

点评:礼宾次序非常重要,考虑不周,安排不当,或不符合国际惯例可能会引起不必要的外交误解或麻烦。在礼宾次序安排工作中,要做到全面、周到、慎重,要做到大致平等。但是,礼宾次序不是教条,不能生搬硬套,要灵活运用,见机行事。有时,由于各种原因,无法从容安排或兼顾所有参会方,就只能照顾主要人员了。

三、开展迎送服务

(一)确定抵离时间

对于抵达离开时间,双方要先约定清楚。负责接待的人员要在来宾启程前再次予以确认。如果外宾乘坐的飞机等交通工具的抵、离时间发生变化,要及早通知全体迎送人员和有关单位。根据实际需要,迎送人员应该提前到达迎宾、送行地点,绝不能出现让客人等候的情况。

(二)确定地点及人员的安排

根据来访对象的不同而选择不同的场地进行接待,如外国国家元首、政府首脑正式访问的,其迎送仪式一般在机场或车站举行,也有的在特定的场所举行,如总统府、议会大厦、国宾馆等。举行仪式的场所悬挂宾主双方国旗(宾方挂在右面,主方挂在左面)。迎送人员一般是身份相当的领导人和一定数量的高级官员,人数不宜过多,所有的迎送人员应提前到达指定地点。

（三）举行欢迎仪式

国际交往接待的欢迎仪式一般从简，主要是要做好各项接待准备、安排工作。如果是国宾级的接待，需先奏客方国歌，全体人员行肃穆礼，军人行军礼，鸣放礼炮，礼炮最高规格为21响，在国家元首来访时鸣放；一般政府首脑来访时鸣放19响；副总理一级来访时鸣放17响。随后，来访国宾在主人的陪同下检阅三军仪仗队。

宾主见面后，应互相介绍。通常首先由礼宾人员，或者由欢迎人员中身份最高者先将前来迎接的人员按照职位从高到低的顺序介绍给外宾。然后，来宾中的主要负责人再将他方人员介绍给我方人员。如果双方早就相识，则不必介绍，直接上前握手，互致问候即可。与外宾见面时表示友好的方式有多种，如握手礼、合十礼、拥抱礼、鞠躬礼、点头或脱帽致意礼等。

国际交往的迎送程序还有一项重要的仪式就是给来宾献花。献花需用鲜花，不能用纸质、塑料做成的花，且要保持鲜花鲜艳、整洁。献花要特别注意各国的鲜花礼仪，注意各国的鲜花避讳。

（四）陪同乘车

国际交往活动中，外宾抵达后的迎接和访问结束后的送行，一般都应该由东道主安排人员陪同乘车，有时安排主人陪车，也有时安排其他人员陪车。如果主人陪车，应该坐在客人的左侧；如果乘坐的是两排座位的轿车，翻译等随员应坐在司机旁边；如果是三排座位的轿车或商务车，随员就应坐在主人前面的加座上；上车时，接待服务人员应主动打开车门，请来宾从右侧门先上，主人从左侧门上车；如果客人先上车，坐到了主人的位置上，则不必请客人挪动位置，车门应由接待服务人员关好。

（五）送至住所

国际交往活动一般将外宾安排至设施完备、安全可靠、条件优良的宾馆住宿。选择外宾住宿地点时需要注意以下几点，第一，安排外宾住宿的经费预算情况。第二，住宿饭店的实际接待能力和服务质量与口碑。第三，住宿地点距离接待方及相关工作地点的远近。第四，住宿地点的交通条件和周边环境。将外宾送至住宿饭店后，应陪同其到住宿的客房楼层并送至客房，礼貌询问还有什么需要，在允许的范围内尽力提供帮助。

（六）话别送行

外宾的行程全部结束即将离开时，东道主应该做好送行工作。一般来宾不举行送行仪式，如果是重要客人，东道主一方应安排送行活动。送行人员要提前到达送行地点，来宾抵达后，主人与主宾相见，随后在主人的陪同下，主宾与主方的送别人员一一握手告别；然后主人在主宾的陪同下，与来宾一方的其他人员一一握手告别，并预祝外宾旅途愉快。最后，来宾在主人的陪同下，正式登上乘坐的交通工具，宾主双方再次握手道别。当外宾乘车启程时，应向他们挥手致意，目送客人走远方可离开。

四、训练与实操

（一）训练目的

掌握国际交往迎送的礼仪规范。

（二）训练方法

（1）一组学生扮演服务人员，一组学生扮演外国贸易代表团贵宾（国家由学生自拟）。

（2）要求扮演服务人员的学生能掌握国际交往迎送中见面、接送、送行、乘车时的礼仪规范。

（3）学生展示，教师指导点评。

任务二　外交活动礼仪

一、会见、会谈礼仪

会见是国际交往中常采用的礼宾活动形式，一般也称接见或拜会。凡身份高的人士会见身份低的，或主人会见客人，一般称为接见或召见。凡身份低的人士会见身份高的，或客人会见主人，一般称为拜会或拜见。我国一般不作上述区分，统称会见。接见或拜会后的回访，称回拜。会见就其内容来说，有礼节性、政治性和事务性三种。礼节性的会见，时间较短，话题较为广泛。政治性会见一般涉及双边关系、国际局势等重大问题。事务性会见则指一般外交事务安排、业务商谈等，外交交涉一般称为召见。会见形式根据对象不同又分个别约见和大型接见。个别约见是指国家领导人或某部门负责人就某一方面的外交事务或业务问题，与个别人士或使馆人员进行会面商谈的一种礼宾活动。大型接见是指国家领导人会见一国或几国群众团体或国际会议代表。

会谈是指正式访问或专业访问中，双方或多方就某些比较重大的政治、经济、文化和军事等共同关心的问题交换意见，或就具体业务进行谈判的活动。参加会谈的双方或多方主要领导人的级别、身份原则上是对等的,所负责的事务和业务也是对口的。会谈一般来说内容较为正式,政治性和业务性都较强,要特别注意保密。代表团身份和规格很高的国事会谈还要悬挂双方国旗。

会见和会谈都应该遵循一定的礼仪规范。这些礼仪规范主要包括以下几方面。

(一) 国旗的悬挂礼仪

国旗是一个国家的象征和标志。人们往往通过悬挂国旗表达对祖国的热爱或对他国的尊重,在国际交往中,如何悬挂国旗,已形成了各国所公认的惯例。

按国际关系准则,一国元首、政府首脑在他国访问期间,在其下榻处及乘坐的交通工具上悬挂国旗,是一种外交特权。东道国接待来访的外国元首或政府首脑时,在隆重的场合,于贵宾下榻的宾馆和乘坐的汽车上悬挂对方(或双方)的国旗,是一种礼遇。此外,国际上还公认,一个国家的外交代表在接受国境内有权在其办公处或官邸及交通工具上悬挂本国国旗。

在国际会议上,除会场悬挂与会国国旗外,各国政府代表团团长亦可按会议组织者的有关规定在一些场所或车辆上悬挂本国国旗(也有不挂国旗的)。有些体育比赛、展览会等国际性活动,也往往悬挂有关国家的国旗。

在建筑物上或室外悬挂国旗,一般都应日出升旗,日落降旗。如需降旗致哀,则先将旗升至杆顶,再下降,下降幅度约为杆长的1/3;日落降旗时,需先将旗升至杆顶,然后再下降。国际上有些国家致哀时不降半旗,而是在国旗上方挂黑纱表示哀思。不能使用破损或污损的国旗,平时升国旗一定要升至杆顶。

按国际惯例,悬挂双方国旗,以右为上,以左为下。两国国旗并挂,以旗本身面向为准,客方国旗在右,本国国旗在左;汽车上挂旗,则以汽车行进方向为准,驾驶员右手为客方,左手为主方。所谓主客,不以活动举行所在国为依据,而是以举办活动的主人为依据。例如,外国代表团来访,在东道国举行的欢迎宴会上,东道国为主人;在答谢宴会上,来访者是主人。

国旗不能倒挂。一些国家的国旗由于图案和文字的关系,不能竖挂和反挂。有的国家明确规定,竖挂需另制旗,将图案和文字转正。正式场合悬挂国旗要把正面朝向观众,即以旗套的右边为准。例如,把国旗挂在墙壁上,应避免交叉挂法和竖挂法,而应用并列挂法。

以下为常用的几种挂旗法(图5-1、图5-2、图5-3、图5-4、图5-5、图5-6)。

图 5-1　两国国旗并挂

多面国旗并挂，通行的做法是以国旗自身面向为准，右侧悬挂第一贵宾国的国旗，左侧悬挂第二贵宾国的国旗，依此类推，主方的国旗在最后。如系国际会议，无主客之分，则按会议规定之礼宾顺序排列。

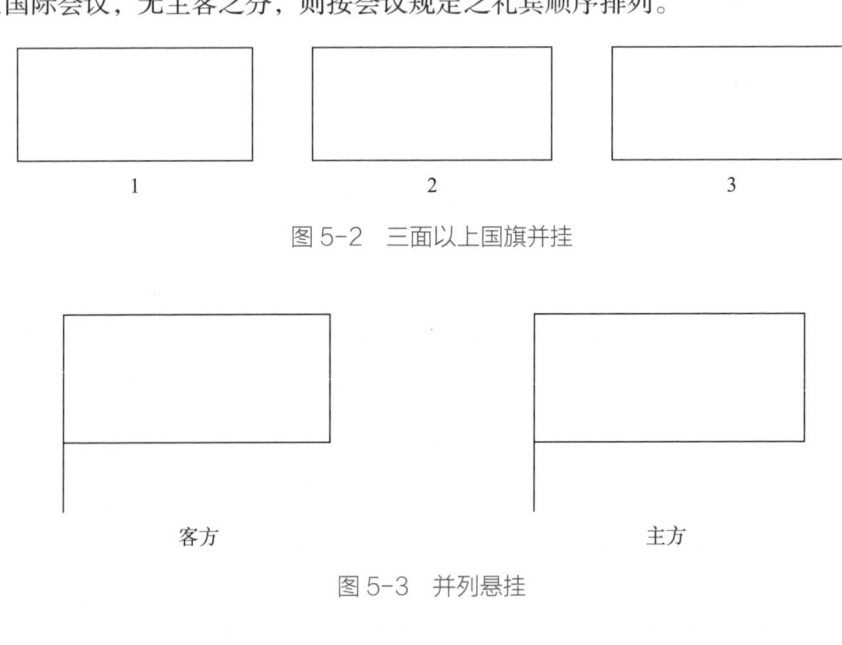

图 5-2　三面以上国旗并挂

图 5-3　并列悬挂

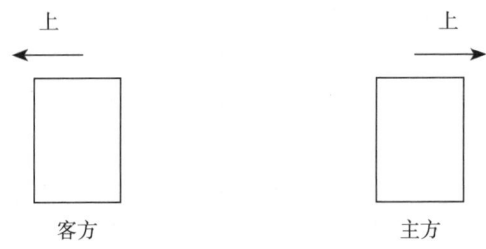

图 5-4　竖挂

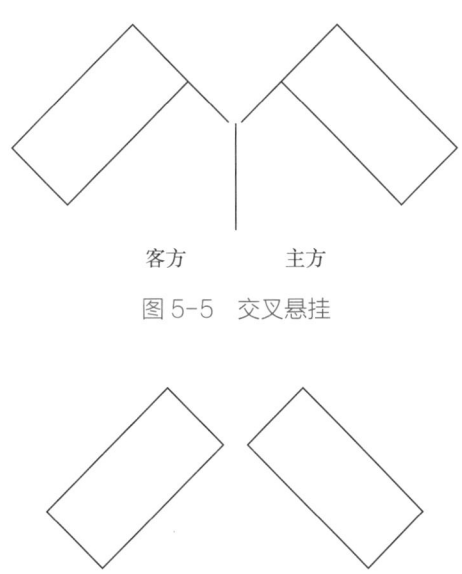

客方　　主方

图 5-5　交叉悬挂

客方　　主方

图 5-6　交叉法

（二）座次安排礼仪

1. 会见的座次安排

会见在国际上通常安排在会客厅或办公室。有时宾主各坐一边，有时穿插坐在一起。某些国家元首会见还有其独特的礼仪形式。在布置形式上，各国也不一样。有的国家主宾的座位是特制的，有的则是主宾同坐一个三人位长沙发。

会见时的座位安排一般为客人坐在主人的右边，译员、记录员安排在主人和主宾的后面。其他客人按礼宾顺序在主宾一侧就座，主方陪见人在主人一侧就座，座位不够可在后排加座，如图 5-7 所示。

图 5-7　会见示意图

座位多采用单人沙发、扶手椅，人数在十几至几十人之间的会见，里圈用沙发，外圈用扶手椅或靠背椅，如图5-8所示。

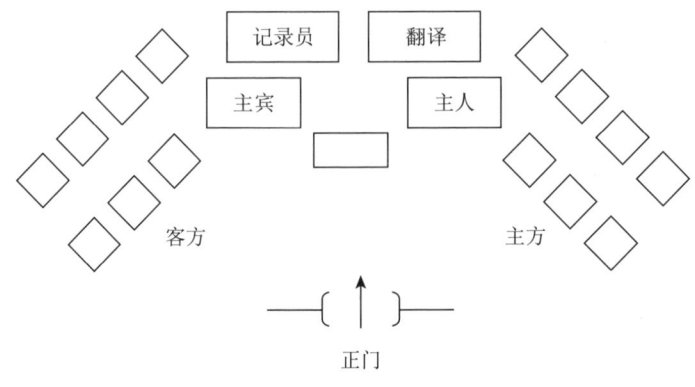

图5-8 会见室布置

2.会谈的座次安排

（1）双边会谈通常用长方形、椭圆形或圆形桌子，宾主相对而坐，以正门为准，主人在背门一侧，主宾面向正门，主谈人居中（图5-9）。

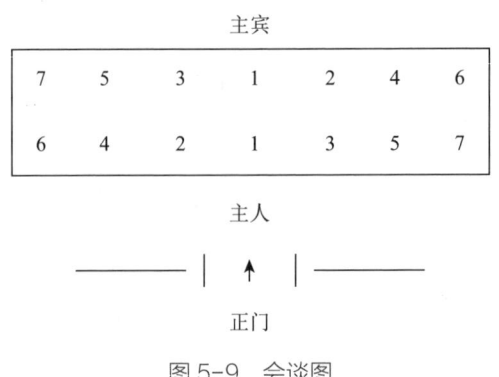

图5-9 会谈图

（2）如会谈桌呈一字形排列，则以进门的方向为准，客人居右方，主人居左方。译员的座位安排在主持会议的主宾和主人的右侧，其他人按礼宾次序左右排列。记录员一般是在会谈桌的后侧另行安排桌椅就座。如参加会谈的人数较少，也可安排在会谈桌边侧就座（图5-10）。

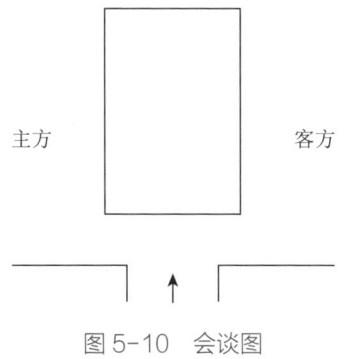

图 5-10　会谈图

（3）多边会谈的会场可布置成圆形、方形等（图 5-11）。

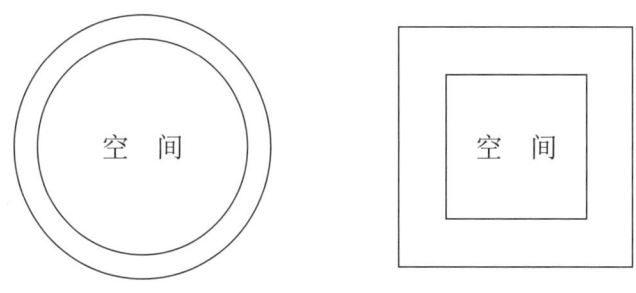

图 5-11　多边会谈图

（4）小范围的会谈，一般不用会谈桌，只设沙发，双方座次按会见座位安排。

（三）注意事项

提出会见会谈要求的一方应该把要求会见人的姓名、职务及目的先告知对方，同时，将自己一方参加会见的人员名单，包括姓名、性别和职务等较详细的情况提交对方。被要求会见会谈的一方在得到通知后要及时做出安排，并尽快通知对方会见的时间、地点、会见人员和注意事项等。同时安排会见当中的一些具体事项。

会见或会谈场所应备足座位，并根据参加人员数量的多少和场所面积的大小，决定是否安装扩音设备，会谈如用长桌，应事先安排好座位图，现场放置中外文座位卡。

如果准备合影，应事先排好合影人员位置图，安排好礼宾次序。一般是主人居中，以主人右首为上，主客双方间隔排列，两端则由主方人员把边，同时还要考虑场地的大小，能否把所有的人员都摄入镜头等。合影的时间一般安排在主客双方见面之后,有时也可安排在会见、会谈之后。

　　主人应在门口迎接客人的到达,位置可在楼正门,也可在会客厅门口,如果主人不到楼门口迎接,则应安排工作人员在楼门口迎接,并将宾客引入会客厅。会见结束后,主人应送客到车门口并道别,目送客人离去后再离开。

二、国际交往仪式礼仪

　　在国际交往活动中,不论是政府之间,还是企业之间的交往都需要举行各种仪式,这是国际交往活动的重要内容。在举行仪式时,应遵循相应的仪式礼仪。

(一)签字仪式

　　国与国之间通过谈判就政治、军事、经济、科技、文化等某一领域达成协议、缔结条约、协定和公约时,双方互签互换文本举行的仪式,称为签字仪式。

1. 准备阶段的礼仪

　　(1)文本准备。安排签字仪式时,事先应做好文本的准备,同时准备好签字仪式上所需的文具、国旗等物品,安排好场地、时间,双方助签人员应商定相关细节。出席签字仪式者基本上都是双方参加会谈的全体人员。

　　我国同其他国家签订的议定书一般是中外两种文字的文本,一式两份,具有同等效力。签字后由双方各保存一份备考。出席签字仪式的人一般视文件的性质由缔约各方确定,双方签字人的身份大体相当。

　　(2)仪式现场布置。各国签字仪式的安排不尽相同。有的国家设置两张方桌为签字桌,双方签字人员各坐一桌,双方的小国旗分别摆在各自的签字桌上,参加仪式的人员坐在签字桌的对面(图5-12)。但双方参加仪式的人员坐在签字桌前方两旁,双方国旗挂在签字桌的后面(图5-13)。

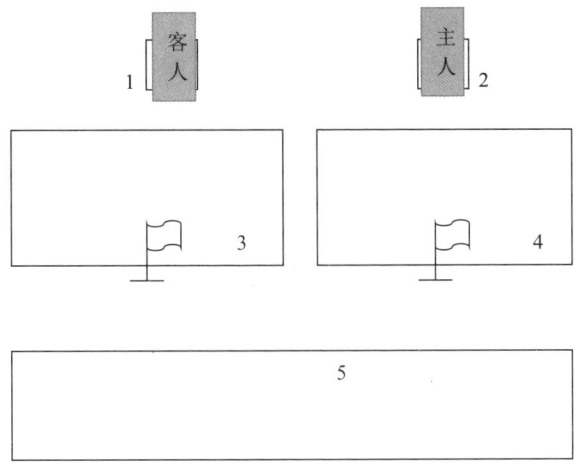

1 客方签字人席位　　　2 东道国签字人席位　　　3 客方国旗

4 东道国国旗　　　5 参加签字仪式人员席位

图 5-12　签字仪式的座次安排图 1

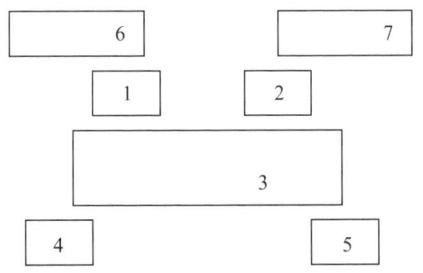

1 客方签字人席位　　　　　　2 东道国签字人席位　　　　　3 签字桌

4、5 参加签字仪式人员席位　　6 客方国旗　　　　　　　　　7 东道国国旗

图 5-13　签字仪式的座次安排图 2

我国的签字仪式一般在签字厅内举行。签字厅内设置长方桌一张，作为签字桌。桌面上覆盖深色台布，桌后放两把椅子作为双方签字人员的座位，主左客右。座前摆的是各自保存的文本，上端分别放置签字文具，中间摆放一旗架，悬挂签字双方的国旗。

2. 仪式进程中的礼仪

（1）来宾就座。宾主双方到达签字大厅时，服务人员要主动上前为签字人员拉椅让座，签字人员入座后，其他人员分宾主各方，按身份顺序排列于各签字人员之后。前台服务员站在签字桌两头等候，准备签字后撤椅子。双方助签人员分别站立于各自签字人员的外侧（图5-14）。

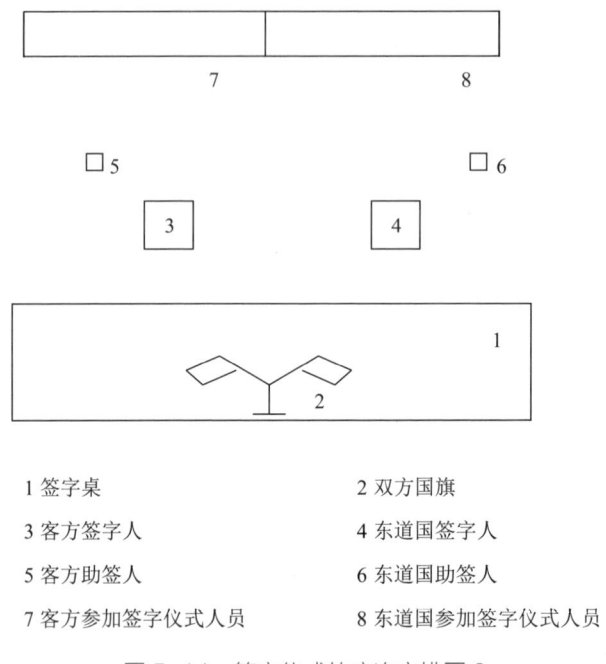

1 签字桌　　　　　　　　　2 双方国旗
3 客方签字人　　　　　　　4 东道国签字人
5 客方助签人　　　　　　　6 东道国助签人
7 客方参加签字仪式人员　　8 东道国参加签字仪式人员

图5-14　签字仪式的座次安排图3

（2）签署文本。助签员协助翻文本，指明签字处。国际交往活动签字一般有两种文本，当签字人员在本国保存的文本上签完字后，由助签人员互传文本，再在对方保存的文本上签字，当交换的文本签完后，双方签字代表站起来正式交换文本，相互握手致意。此时由两名服务员上前迅速将签字椅撤除。

（3）共饮香槟庆祝。交换已签的合同文本后，国际上通行的做法是：双方签字人端起香槟酒共同举杯，接着，其他出席仪式人员同时举起酒杯，相互祝贺后将香槟一饮而尽。服务人员应及时收走宾客手中的酒杯。

（二）开幕式

在国际交流中，展览会、交易会、文化节、艺术节、运动会等重大活动，都要举行隆重的开幕仪式。

1. 仪式准备阶段的礼仪

（1）拟定出席人员。开幕式通常由主办单位的负责人主持，双方有关人员参加。可以邀请有关国家的代表团、各国驻当地的使节、外国记者等出席。

如果是高规格的开幕式，东道国的国家领导人一般往往都要出席。

（2）各项准备工作。应选择宽敞的场地（室内、室外均可），会场正面要悬挂开幕式的横幅，隆重的开幕式需悬挂有关各方的国旗。一般准备三个话筒，供主持人、致辞人和翻译使用。准备好剪彩用的彩带（球）和剪刀，备好签名簿，请领导人和来宾题词或签名留念，出席仪式者应事先准备题词。

2. 开幕式进程中的礼仪

双方出席开幕式的人员入场后，宾主双方面向外分左右两边排开，主持人宣布大会开始。首先请开幕式主办单位的主要负责人或代表团团长致辞，若是双方合作，一般请一方负责人致开幕词，请另一方致贺词。致辞后即开始剪彩，若是双方合作，可各推荐一位负责人担任剪彩人进行剪彩。剪彩结束后，主办方可组织来宾参观或举行酒会庆祝，还可为到场的宾客赠送印有企业信息的纪念品，使典礼在热烈、喜庆的气氛中结束。

三、训练与实操

（一）开幕式剪彩仪式训练

1. 训练目的

通过实际操作，学生熟练掌握开幕式剪彩仪式的服务流程和礼仪规范。

2. 训练方法

学生分成几组进行剪彩仪式中礼仪服务人员服务程序训练。

3. 训练要求

（1）正确地引领嘉宾上、下主席台。

（2）练习拉彩带及用托盘接捧花的技巧。

（3）学生分别进行主持剪彩仪式的训练，注意主持的风度和仪式的程序。

（二）签字仪式训练

1. 训练目的

通过实际操作，学生熟练掌握签字仪式的服务流程和礼仪规范。

2. 训练方法

将学生分成几组，按主方、客方分别进行签字仪式的服务练习。

3. 训练要求

（1）按照国际通行的签字仪式程序，从进入仪式现场，到共饮香槟后退场，进行完整的训练。

（2）建议小组分工，两名同学担任签字代表，两名同学担任各方签字人的助签员，若干同学作为参加仪式的人员，一名同学担任递送香槟的礼仪服务人员。

任务三　会议服务礼仪

一、会议的类型

会议接待服务是饭店服务工作中的一个组成部分。会议接待可以说是一项繁杂的工作，会议接待服务工作人员要体现热情、礼貌、周到、细致的服务，应特别注意礼仪规范和礼仪细节。会议按规模分，有几个人到十多人的小型会议，有上百人到几百人的中型会议，有上千人到几千人的大型会议，有万人以上参加的特大型会议。

大型会议的特点是：规格高、场面隆重；政治性、保密性强；与会人数多，参会代表来源广泛；会场使用范围广，持续时间长。

中、小型会议在各类会议中最为普遍和频繁，因参加会议的人数、会议的内容、时间的长短不同，会议的组织方法、礼仪要求也各不相同。

二、会议服务流程

（一）贵宾室服务

贵宾室是接待重要领导会前、会中、会后休息交谈的地方，因此在贵宾室的服务人员应规范服务，特别要注意以下几点。第一，环境优美整洁，茶具卫生标准，摆放果盘、餐巾纸、湿巾和相关文字材料。第二，服务人员着装统一，仪表整洁，举止端庄优美，面带微笑。客人到时，服务人员应热情主动地表示欢迎、问候。第三，沏茶时，斟水至七八分满为宜，仔细观察饮水情况，并及时续水。续水时随手带小毛巾，以便沾净壶外的水迹。第四，客人离开贵宾室时，要主动礼貌相送，并迅速检查桌面、桌下有无遗忘的物品。

（二）会议室服务

在会议室内为与会者提供礼仪服务的标准如下。第一，整理抽屉，擦桌椅和地板，清理地毯，做好场内卫生，保证温度适宜、空气新鲜。第二，按要求摆好指路牌和带有各种标志的牌号。第三，入场前一小时统一着装，仪表整洁地入岗、站位。第四，熟悉场内区域座号，主动为与会者引座，做到准确无误。主动搀扶、照顾年老体弱者入座、站立、投票等。第五，大会开始时站到工作岗位上,站姿端庄、大方,精力集中,认真观察场内动静。第六,会间休息或休会时,要及时开门,照顾与会者出入或退场。第七,与会者退场后,按分工划分的责任区域认真细致地进行检查,如发现遗忘物品,要记清座排号码,及时上交或汇报。第八,认真做好当日收尾工作,妥善收存各种牌号,准备次日大会的工作。

（三）主席台服务

第一,整理好主席台卫生,保持抽屉、桌面、椅子、地板清洁。第二,穿好制服,着装统一,仪表整洁,精神饱满。提前一小时上岗,检查会场准备情况。第三,明确主席台总人数和各排人数、主要领导的座位和习惯、招待标准、工作要求。第四,摆放好茶具、湿巾、席签、纸、笔和相关会议材料等。第五,杯把一律朝与会者的右手一侧。倒水时步态平稳,动作协调,左手小拇指与无名指夹住杯盖,中指与食指卡住杯把,大拇指从上捏紧杯把,将茶杯端至腹前,右手提暖瓶将水徐徐斟入杯中,七八分满为宜。然后将杯子放到垫盘上,盖上杯盖。第六,帮助行动不便的与会者佩戴好耳机（国际活动需要同声传译）。奏国歌时,照顾自己所负责的搀扶对象起立、落座。第七,第一次隔30分钟续一次水,以后每40分钟续水一次。要根据情况及时为领导和报告人续水。续水时按顺序排队统一上台。第八,会议进行中,主席台两侧各设一人观察台上情况,处理应急事务。对中途离场的与会者,要跟随照顾。第九,会议结束时,礼貌地恭送嘉宾,并做好收尾工作。

三、会前准备

（一）了解会议基本情况

接待人员应准确了解和熟悉所接待会议的目的、内容、会期、与会人员的构成情况,如职级、数量、性别、年龄、民族等;国际会议还包括宗教信仰、风俗习惯、忌讳、饮食起居等方面的情况。这是做好接待工作的基础。

（二）确定接待规格

根据会议规模,确定接待规格。会议规模一般由主办单位决定。上级单位主持的会议,因为会邀请各单位的代表参加,所以会议的接待工作要求比较规范。为了完成上级布置的任务,通常由本单位的一位主要领导直接抓会议准备工作,成立会务组,专门研究布置会议接待的有关工作,明确各部门的职责。

（三）发出会议通知

会议通知必须写明开会时间、开会地点、会议主题及会议参加者等内容。

为了使会议参加者能安排好自己的工作,还应写明闭会的时间。会议通知要提前发出,以便会议参加者有所准备。根据会议的内容和参加者的范围,会议通知可采用张贴、邮寄、电话通知等方式。对外地的会议参加者,应在通知上写明住宿的宾馆、到达的路线、应带的材料、会务费等。

(四)布置会议现场

会场的布置包括四周的装饰和座席的配置。较重要的会议,根据需要可在场内悬挂横幅,门口张贴欢迎和庆祝标语。会场可摆放适量的青松盆景、盆花。桌面上的茶杯、饮料等,应擦洗干净,摆放整齐。

(五)准备会议材料

有关会议议题的必要资料应由会务组准备。文件资料应装订整齐。如果需要与会者在会上讨论,应提前一周将资料发给与会者,方便其阅读和做好发言准备。如果文件较多,则用文件袋装好。

(六)做好会前检查

会议开始前要对准备工作进行一次全面、详细的检查,如有考虑不周或没落实的要及时补救,以保证准备工作万无一失。会务接待人员必须在与会者到来前30分钟到达各自岗位并进入工作状态。

案例 5-2

座次的风波

某公司的分公司要举办一次重要会议,请来了总公司的总经理和董事会部分董事,并邀请当地政府要员和同行业重要的知名人士出席。地点选在了某酒店的大型会议室。由于与会的重要人物多,领导决定用U字形的桌子布置会议桌,分公司领导坐在长U字形会议桌横头处的下首,其他参加会议者坐在U形桌的两侧。开会时,贵宾们都进入会场,按安排好的座签找到自己的座位就座。当会议正式开始时,坐在横头桌上的分公司领导宣布会议开始,却发现现场气氛有些不对劲,有些贵宾互相低语后借口有事站起来要走。分公司领导人不知道发生了什么差错,场面非常尴尬。

点评:在商务会议中,席位的安排体现了出席者的身份和地位。因此,在会议前,主办方一定要按照礼宾接待顺序做好组织准备工作。

四、会议中服务礼仪

（一）签到

会场外设一个签字台，安排多名工作人员值守，如果是档次比较高的会议可派礼仪服务人员接待。签字台上备有毛笔、钢笔及签到本。向客人递钢笔时应摘下笔套，笔尖对着自己，将笔双手递上。如果是毛笔则应蘸好墨汁后再递上。如需要发放资料，应礼貌地双手递上。

（二）引座

签到后，会议接待人员应有礼貌地将与会者引入会场就座。对重要领导应先引入休息室，由本单位领导亲自作陪，会议开始前几分钟再到主席台就座。

（三）接待

与会者就座后，接待人员应递上茶、毛巾，热情地解答与会者的各种问题，提供全面周到的服务。

（四）倒茶

会务接待服务人员要注意观察每位与会者，以便及时为其添茶水。倒水时要动作轻盈、快捷、规范。杯盖的内口不能接触桌面，手指不要触及杯口，防止杯盖发出碰撞的声音，注意不要让茶水溅到桌面上或与会者身上。如操作不慎，出了差错，不要慌张，应不动声色地妥善处置。

（五）茶歇服务礼仪

茶歇是中小型会议服务中的较高层次的服务程序，主要是在会议中间休息时，为与会者提供饮料、咖啡、糕点、小吃、水果等。在服务时，应主动热情地为每一位与会者服务，并及时添加食物和饮料。

五、会议后服务礼仪

会议结束后，会务接待人员应分工明确，做好善后处理工作，礼貌地恭送嘉宾，并做好清理会议文件等收尾工作。

六、训练与实操

（一）训练目的

学生熟练掌握会议服务流程和服务礼仪规范。

（二）训练方法和内容

（1）将学生分成几组，按照会议前准备、会议中服务、会议后收尾三个阶段，进行完整的会议服务训练。

（2）将学生分成几组，分别进行主席台、会议室、贵宾室的服务流程训练。

任务四 国际礼仪

国际礼仪就是人们在国际交往中必须共同采用并且遵守的礼仪规范，也可以称为人际交往中的国际惯例。它在国与国的交往中产生，是约定俗成且大家应共同遵守的。掌握国际礼仪的基本原则可以使自己的言行举止更加符合国际礼仪的规范要求，有利于充分发挥礼仪在国际关系中的积极作用。

一、忠于祖国

对于世界上任何一个国家的公民，在从事国际交往活动时，忠于自己的祖国都应该是放在第一位的，是最基本的要求。在国际交往活动的具体实践中，遵守忠于祖国的基本原则，主要表现在要热爱祖国、热爱人民、拥护政府等方面。同时，在国际交往中，严守纪律、不随意谈论我国内部未公开发布的信息、不泄露国家机密也是忠于祖国的具体表现。

二、遵时守信

遵时守信作为国际礼仪通则的基本原则之一，事关个人的信誉和形象。遵时是指约会必须信守时间约定，无论参加任何外事活动，都应该按照约定的时间准时到达。特别是在发达国家，如果因不遵守时间而打乱了工作秩序和安排是为人所不齿的。守信是指在一切国际交往中应该慎重承诺，量力而行；必须严格地遵守承诺，做出承诺就一定要兑现。在现代社会，信誉就是效率、信誉就是形象、信誉就是生命。在国际交往中，信守时间、遵守承诺，是取信于人的基本要求。言必信，行必果，是社交成功的保障。要做到信守时约，就应该注意在时间和承诺上一定要谨慎和明确，切不可含混不清、模棱两可；任何事情一经约定，就必须认真遵守，而不可随意变动或取消。对于双方约定的时间唯有准时最为得体，早到可能使主人措手不及，而晚到又是非常失礼的；由于难以预料的原因而失约或迟到，要向对方及早通报，解释缘由并表示歉意。

三、入乡随俗

入乡随俗是指了解交往对象所在国家和地区的特有习俗，予以尊重并遵从。入乡随俗包括对交往对象所在国家、地区的宗教、风俗、习惯、语言等方面的尊重，了解其与本国、本民族文化的不同，在言谈举止上给予重视，在理解的基础上予以尊重。世界各国、各民族在其发展的历史过程中都创造了光辉灿烂的文化，形成了各种风俗习惯，很多民族非常重视自己的文化和习俗，若无意中出现行为不恭或触犯了禁忌，就会引起不愉快，造成不良影响，甚至发生纠纷。所以说"入乡随俗"，有益于增进国际交往中彼此之间的理解与沟通，有助于恰如其分地向交往对象表达我方的亲善友好。另外，在国际交往中作为客人时，应当"客随主便"，这也是"入乡随俗"的一种具体表现。

四、不卑不亢

在国际交往中，每一个人都必须意识到自己代表着自己的国家，在交往中，既不能自卑畏惧、低三下四，也不能趾高气扬、傲慢无礼，妄自菲薄和狂妄自大都是无知的表现，更不符合国际礼仪通则。正确的态度应是不卑不亢、热情有度，用规范、得体的方式塑造、维护自己的个人形象。在国际交往中，不卑不亢是事关国格、人格的大是大非问题。"外交无小事"，外事人员的一言一行都代表着国家与民族的形象，在国际交往中不仅仅要热情友好，更重要的是要把握好分寸。

五、求同存异

世界各国的礼仪和习俗都存在一定程度的差异，不同文化背景的人的礼仪传统和习俗有着各自的特点，许多民族的习惯与国际上通行的礼仪行为方式有所不同甚至大相径庭。对于这些差异性应首先予以承认，"求同存异"就是承认这些差异性的具体做法。"求同"，就是要遵守有关礼仪的国际惯例，要重视礼仪的"共性"。"存异"则是要求对他国的礼俗予以尊重，不可忽略礼仪的"个性"，并在必要的时候采用双方共同接受的礼仪，保留不同点。

六、以右为尊

在国际交往中，无论是在政务活动、商务往来、文化交流还是社交应酬、私人交往等场合，只要是涉及位置排列次序时，原则上都讲究右尊左卑、右高左低，这就是国际礼仪通则中的"以右为尊"的原则。"以右为尊"的具体做法是：在国际交往活动中，为了表示对客人的尊重，主人应主动居左，请客人居右。由于我国的传统做法是"以左为尊"，在国际交往中，要特别注意"内外有别"，坚持"以右为尊"的国际通则，以表示对交往对象的尊重。

七、女士优先

"女士优先"是国际社会公认的一条重要的礼仪原则，其含义是在一切社交场合，每一名成年男子都有义务尊重、照顾、关心、保护女士。强调"女士优先"不是因为女性是弱者，值得同情、怜悯，而是一条国际礼仪准则，"女士优先"主要适用于社交场合。

八、尊重隐私

个人隐私指的就是一个人出于个人尊严和其他某些方面的考虑，不愿意公开、不希望别人了解或是打听的个人秘密或者私人事宜。在国际交往中，人们普遍讲究尊重个人隐私，认为尊重个人隐私与否是一个人在待人接物方面有没有教养、能不能尊重交往对象的重要标志之一。在许多国家它还受到法律的保护。因此，在与外国友人打交道时，一定要充分地尊重对方的个人隐私权，在言谈话语中，凡涉及对方个人隐私的一切问题，都应该自觉地、有意识地予以回避，在发现对方不想回答时，要适可而止。在国际交往中，个人收支情况、年龄大小、恋爱婚姻、健康状况、家庭住址、个人经历、信仰政见等都属于个人隐私问题。

案例 5-3

不受欢迎的礼物

国内某饭店，有一次准备在接待来华的意大利客人时送每人一件小礼品。于是，该饭店向杭州某知名厂商订购了一批纯真丝手帕，每块手帕上都绣着花草图案，十分淡雅美观。手帕装在特制的纸盒内，盒上又有饭店的标志，是非常有文化特色的纪念品。中国丝织品闻名于世，饭店预想手帕会受到客人的喜欢。接待人员带着盒装的真丝手帕在饭店门口迎接来自意大利的客人。欢迎词热情、得体，赠送给每位客人的两盒手帕漂亮、精致。

没想到客人们接到礼品后，面面相觑，小声议论，显出很不高兴的样子。特别是一位女士，边跟同伴交流，边露出气愤及伤感的表情。饭店接待人员由于不懂意大利语，一时不知所措。好心好意送人家礼物，不但得不到感谢，还出现这般景象。

点评：具有中国特色的丝织品没有得到外国游客的喜欢，是因为在意大利，手帕代表着眼泪和忧伤，把丝绸手帕作为礼物是没有充分了解对方的习俗和禁忌。

思政园地

新时代公民道德建设实施纲要（节选）

中华文明源远流长，孕育了中华民族的宝贵精神品格，培育了中国人民的崇高价值追求。中国共产党领导人民在革命、建设和改革历史进程中，坚持马克思主义对人类美好社会的理想，继承发扬中华传统美德，创造形成了引领中国社会发展进步的社会主义道德体系。坚持和发展中国特色社会主义，需要物质文明和精神文明全面发展、人民物质生活和精神生活水平全面提升。中国特色社会主义进入新时代，加强公民道德建设、提高全社会道德水平，是全面建成小康社会、全面建设社会主义现代化强国的战略任务，是适应社会主要矛盾变化、满足人民对美好生活向往的迫切需要，是促进社会全面进步、人的全面发展的必然要求。

充分发挥礼仪礼节的教化作用。礼仪礼节是道德素养的体现，也是道德实践的载体。要制定国家礼仪规程，完善党和国家功勋荣誉表彰制度，规范开展升国旗、奏唱国歌、入党入团入队等仪式，强化仪式感、参与感、现代感，增强人们对党和国家、对组织集体的认同感和归属感。充分利用重要传统节日、重大节庆和纪念日，组织开展群众性主题实践活动，丰富道德体验、增进道德情感。研究制定继承中华优秀传统、适应现代文明要求的社会礼仪、服装服饰、文明用语规范，引导人们重礼节、讲礼貌。

在对外交流交往中展示文明素养。公民道德风貌关系国家形象。实施中国公民旅游文明素质行动计划，推动出入境管理机构、海关、驻外机构、旅行社、网络旅游平台等，加强文明宣传教育，引导中国公民在境外旅游、求学、经商、探亲中，尊重当地法律法规和文化习俗，展现中华美德，维护国家荣誉和利益。培育健康理性的国民心态，引导人们在各种国际场合、国际交往和交流活动中，树立自尊自信、开放包容、积极向上的良好形象。

（资料来源：2019年10月27日，中共中央、国务院印发的《新时代公民道德建设实施纲要》）

思考与练习

一、单项选择题

1. 悬挂国旗要依照国际惯例，以下说法错误的是（　　）。

A. 悬挂双方国旗，以右为上，以左为下

B. 两国国旗并挂，以旗本身面向为准，客方国旗在右，本国国旗在左

C. 汽车上挂旗，则以汽车行进方向为准，驾驶员左手为客方，右手为主方

D. 正式场合悬挂国旗要把正面朝向观众，即以旗套的右边为准

2. 在会议服务中，为参会客人斟茶，水应该是（　　）。

A. 九到十分满　　B. 七到八分满　　C. 五到六分满　　D. 按照客人意愿

二、多项选择题

1. 国际礼仪的基本通则包括（　　）。

A. 忠于祖国　　B. 遵时守信　　C. 入乡随俗　　D. 以右为尊

2. 礼宾次序中常用的排列方法有（　　）。

A. 按来宾身份与职位高低排列

B. 按国家名称的字母顺序排列

C. 按通知代表团组成的日期先后排列

D. 按来宾代表团人数的多少排列

3. 以下座次安排中符合规范的包括（　　）。

A. 会谈双方宾主相对而坐，以正门为准，主人在背门一侧，客人面向正门

B. 会谈桌呈一字形排列，以进门的方向为准，客人居右方，主人居左方

C. 会见时的座位安排一般为客人坐在主人的右边，译员、记录员安排在

主人和主宾的后面

D. 会谈双方宾主相对而坐，以正门为准，主人在面向正门一侧，客人背对正门一侧

三、简答题

1. 迎送外宾的工作有哪些注意事项？
2. 重视礼宾次序的意义是什么？
3. 会见、会谈的常用座次安排有哪些？
4. 悬挂国旗有哪些注意事项？
5. 国际礼仪的基本原则有哪些？

四、案例分析题

关心过度

王丽在上海一家五星级酒店做楼面值台服务员，因为她亲切热情、服务周到，所以她所负责楼层的入住客人对她的印象都不错。直到有一天，一对到上海来谈生意的德国夫妇外出回店。由于这对夫妇入住已有好几天，王丽和他们比较熟，所以在问候他们以后，王丽如同对待老朋友那样，随口便问："你们去哪里玩了？"两夫妇开始还比较耐心地回答："我们去南京路了。"小王接着又问："你们逛了什么商店？"对方被迫答道："上海时装商店。"小王一时兴起，越问越多："这家商店挺不错的，你们都买了些什么呀？"这回德国夫妇没有作答，说了声再见后转身离去。之后，德国夫妇向酒店提出更换房间楼层的要求。

试分析德国夫妇为什么提出更换楼层？王丽的做法哪里不恰当？

五、实操训练

1. 国际交往迎送场景模拟演示。
2. 国际交往会见场景模拟演示。
3. 国际交往签字场景模拟演示。

参考答案

参考文献

1. 魏凯,李爱军.旅游服务礼仪与实训[M].北京:中国旅游出版社,2021.
2. 陈增红.邮轮服务礼仪[M].大连:大连海事大学出版社,2020.
3. 王玉苓.商务礼仪案例与实践[M].北京:人民邮电出版社,2018.
4. 金正昆.国际礼仪[M].北京:北京大学出版社,2005.
5. 李晶.现代国际礼仪[M].武汉:武汉大学出版社,2008.
6. 牟虹,杨梅.旅游礼仪实务[M].北京:清华大学出版社,2008.
7. 吴新红,董洪莲.旅游服务礼仪(第2版)[M].北京:清华大学出版社,2021.
8. 黄文清.服务语言艺术(第2版)[M].北京:高等教育出版社,2012.
9. (美)桑德拉·黑贝尔斯,(美)理查德 L.威沃尔二世.有效沟通(第7版)[M].李业昆,译.北京:华夏出版社,2005.
10. 余世维.有效沟通(第2版)[M].北京:北京联合出版公司,2012.
11. 许湘岳.礼仪训练教程[M].北京:人民出版社,2012.
12. 背负.现代礼仪常识全知道[M].长春:吉林出版集团有限责任公司,2011.
13. 张晓梅.晓梅说礼仪[M].北京:中国青年出版社,2008.